オーストラリアの学校外保育と親のケア

保育園・学童保育・中高生の放課後施設

臼田明子

Akiko Usuda

明石書店

"Australian childcare system age 0 to 17 and care of parents" has been supported by the Australian Government through the Australian-Japan Foundation.

はじめに

　私には2人の娘がいる。長女は日本の東京で、次女はオーストラリアのシドニーで産んだ。2人目ということもあろうが、シドニーでの出産・育児は楽だった。私は母を亡くしているので、母（娘にとっては祖母）による産後の世話はなかったが、夫が2度とも積極的に育児をしてくれた。そして、シドニー滞在の5年間で、2人の娘は合わせて4か所の保育園を利用した。それを別にしても、総じてオーストラリアでの育児はやはり楽だったと言える。

　なぜ、楽だったのかを追究すべく、本書の執筆に至った。恐らくは、多様な年齢に対応した子どもの保育施設と親へのケアの充実にあると思い、これらを紹介することに主眼を置いている。

　私はシドニー大学での修士時代に休学して2人目を産んだのだが、ここでは保育政策の第一人者デボラ・ブレンナン教授のゼミ生であった。先生にとっても、留学生で子持ちの私は印象深かったらしく、10年後に偶然再会した時も先生からお声をかけていただいた。ニューサウスウェールズ大学大学院の博士課程では指導教官が亡くなり、オーストラリア屈指の社会学者ベッティーナ・カス教授がそのあとを偶然引き受けてくださった。当然、本書には先生方のゼミ・ご著書や会話から受けた知見が随所に含まれている。

　そして今、私は大学での研究員の他に、ボランティアで、ここ2年ほど、地元である川崎市で子育て支援員をしている。そこで体験した今の若いお母さん方の悩みも、わずかであるが反映するように努めた。

内容は、今まで私が発表してきた論文等に加筆修正を加え、さらにいくつかの書き下ろしの章から成る。ところどころ、自分の体験も加えている。本書が、少しでも子育て支援研究者、実務者、子育て中の親の方々のお役に立てば幸いである。

＊

　なお、障碍児の保育、アボリジニの方々やトレスストレート諸島の方々の保育は含んでいないことをご了承願いたい。また、保育施設を対象に紹介することを意図しているため、母親たちの集まるプレイグループ、またプリスクール・幼稚園は本書では記述・考察の対象外とした。
　本文中の写真で出典が入っていないものは、全て筆者の撮影によるもので、撮影の許可はいただいている。モザイクのない被写体の子どもは筆者の娘である。

2016年6月
臼田　明子

オーストラリアの学校外保育と親のケア◎目次

はじめに 3

序章　オーストラリアの育児を知るための基礎情報 9

第1章　出産直後の親のケア 13
1．オーストラリアの高い母親指数と合計特殊出生率　13／2．子どもを預けることへの低い抵抗感　14／3．保健師による母親への「大人目線」のアドバイス　16／4．親教育の必要性　21／5．トゥルービー・キングと母乳育児　23／6．産後ケアの施設：トレシリアン・カリタネ・ンガラ　27／7．まとめ　36

第2章　政府が無料配布した育児DVD 39
1．新生児（対象：出生後〜3か月児まで）　41／2．赤ちゃん期（対象：約3か月児〜1歳児）　44／3．幼児期（1歳〜5歳児）　48／4．親へのアドバイス　51／5．まとめ　58

第3章　専業主婦のための保育園 63
1．日本の保育園での一時預かり制度とそれをめぐる意見　63／2．オケージョナル・ケア　64／3．市のスポーツ施設に付随する託児所　69／4．まとめ　70

第4章　保育園をめぐる議論とその歴史 73
1．はじめに　73／2．用語説明　74／3．保育園の略史　76／4．オーストラリアにおける母性　82／5．保育園批判派の主張　88／6．中間派（ファミリー・デイケア推薦派）の主張　91／7．保育園支持派の主張　95／8．保育園の長所　96／9．オーストラリア最大の保育園組織（ABC Learning）の顚末　98／10．親の働き方の変化と保育園　99／11．結　論　99

第5章　保育園 105

1. 家族状況　105／2. 国家戦略　106／3. 保育の質　107／4. 保育園の特色　109／5. ファミリー・デイケア（Family Day Care）　115／6. 大学の附属保育園について　116／7. まとめ　118

第6章　学童保育 121

1. はじめに　121／2. 学童保育：歴史と現状　121／3. 学童保育視察レポート　124／4. 学童保育の利用率について　130／5. 学童保育以外のケアについて　140／6. 学童保育の課題　142／7. まとめ　143

第7章　学童保育指導員の資格と業務内容 149

1. はじめに　149／2. 学童保育指導員の名称と資格　150／3. 養成期間と授業内容　151／4. 学童保育指導員の業務　157／5. 勤務場所、勤務時間　158／6. 待遇　158／7. 学童保育所の組織体制　159／8. 学童保育指導員数　160／9. まとめと今後の展望　161

Column　オーストラリア式育児 こぼれ話 164

第8章　中高生の放課後施設（ユース・センター）........ 169

1. はじめに　169／2. オーストラリアの若者の生活状況　170／3. ウィロビー市の取り組み　172／4. 重要な全豪的な若者育成三点　180／5. 考察「なぜ若者育成サービスが豊富なのか？」　184／6. おわりに　187

終　章　課題と日本への示唆 191

1. オーストラリアの保育の課題　191／2. 日豪共通の課題　193／3. 日本が学ぶべき点　193／4. 日本の課題　200

あとがき 202

序章　オーストラリアの育児を知るための基礎情報

　本書を読み進めるにあたって、オーストラリアの育児の状況を知るために押さえておくとよい事項を以下に説明する。

子どもの定義
　オーストラリアにおいて「子ども」とは、法的には18歳未満を指す。つまり、0歳～17歳までの児童である。

子どもだけの行動の可否と親の義務
　兄弟が中高生（17歳以下）の場合、小学生以下の妹弟が学校や保育施設などから兄や姉と一緒に帰宅すること、つまり子どもだけで行動することはオーストラリアの法律では禁止されていない。
　ただし、連邦法である"the Family Law Act"（家族法）では、「親は子どもに衣食住及び、安全の確保、そして監督を行う義務を担う」とうたっている（第60条B第一項b,c,d）。また、人口が最大の州、ニューサウスウェールズ州の「子どもと若者に関する法律」では、子どもが危険にさらされたり、衣食住の保護を受けていないと判断される場合には、その子どもの親が逮捕され得ると規定している（第109条B）。

有給出産休暇
　出産休暇はかつて存在したが、それが有給になったのは2011年からである。出産した人は、18週間の有給休暇とその後1年間の育児休暇が取得でき、その間の給料は支払われる。また、父親も同時に2週間の有給育児休暇が取得できる。

出産時の給付金

　オーストラリアでは、1912年から2014年まで、出産時に国から一時金（ベビー・ボーナス）がもらえた。支給額は、一人につき、最高時で約5,000豪ドル（日本円で約50万円。非課税）。死産でも、養子を迎えた場合にも支給された。

　もともとは政府の少子化対策であったものだ。合計特殊出生率は1971年の2.9から減り続けていたが、2001年の1.7を底として、近年は1.8～1.9の値をキープしている（ABS, 2014）。そこで、一定の効果が得られたとして、予算削減のため、この一時金は2014年3月1日からは廃止に至った。

　代わりに、既存の家族手当（Family Tax Benefit Part A）を増額することで、これに対応している。出産した場合も養子を迎えた場合も同様なのは旧制度の通りである。

　ベビー・ボーナスの代わりとなった追加FTBA給付金は、出産・養子縁組の日から1年間にわたり分割で支払われる。金額は2016年5月現在、第一子が2091.84豪ドル（約16万6,000円）、2人目以降は1人あたり1046.25豪ドル（約8万3,000円）である（Government of Australia, Department of Human Services, 2016a）（1豪ドル＝79.35円で算出。三菱東京UFJ銀行2016年5月27日の豪ドル為替相場仲値）。

　この家族手当を受けられる家庭の所得の上限は、2015年7月1日からは出産前の半年間で5万豪ドル（年収で10万豪ドル、日本円にして約793万円）以下となっている。しかし、FTB Part Aの現行（2015/16年度）の所得制限は、例えば子ども（0歳～12歳）1人の場合6万7,215豪ドル（約533万円）、2人の場合、8万3,403豪ドルなどと低めである（Government of Australia, Department of Human Services, 2016b）。ただし、国の有給育児休暇制度を利用する親は対象外である。

　つまり、給付金を受け取るか、有給出産休暇を取得するかの2択になっているわけである。

学生ボーナス（スクール・キッズ・ボーナス）

　学生の親は、毎年2回、政府から助成金を受け取ることができる。中学

生の場合は、毎年410豪ドル、高校生の場合は820豪ドルである。制服や文房具などの購入補助を目的としている。

オーストラリアの子どもの人口

全国調査が行われた2013年時点のオーストラリア全人口は約2,281万9,000人。そのうち、0歳〜14歳と、15歳〜24歳で学生の（独立していない）子どもの人口は合計で約563万人。これらの子どもたちの家庭状況を図にすると以下のようになる。

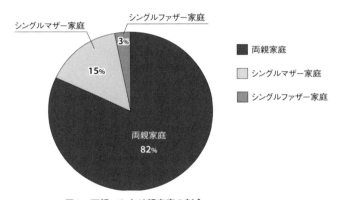

図1　両親・ひとり親家庭の割合

※図1〜図3はABS. 2015, 4442.0 Family Characteristics and Transitions, Australia, 2012-13. より作成

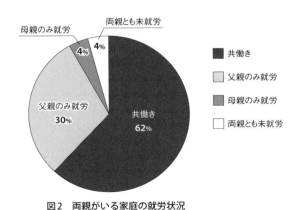

図2　両親がいる家庭の就労状況

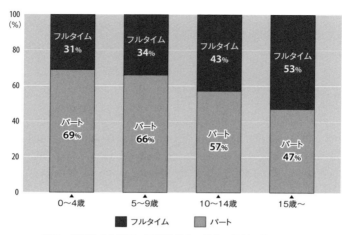

図3 子どもの年齢別、両親共働きの場合の母親の就労形態

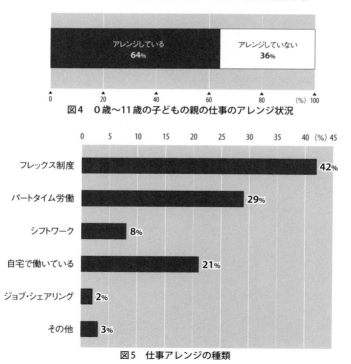

図4 0歳～11歳の子どもの親の仕事のアレンジ状況

図5 仕事アレンジの種類

※図4、図5はABS. 4402.Childhood Education and Care より作成

第1章　出産直後の親のケア

1. オーストラリアの高い母親指数と合計特殊出生率

　セーブ・ザ・チルドレン（Save the Children[1]）が毎年母の日に発表する「母親指標～お母さんにやさしい国～」では、オーストラリアは2010年の第2位が最高で、2015年は179か国中9位と高い。日本は2015年は32位である（セーブ・ザ・チルドレン Japan, 2015）。両国とも近年はこの順位で安定している。

　では、出生率をみてみよう。合計特殊出生率とは女性が出産可能な年齢を15歳～49歳までと規定した上で、一人の女性が一生の間に産む子どもの数の平均を求めたものである。WHO（世界保健機関）の調査では2013年発表のものが最新で、オーストラリアは1.92である。この値はイギリスと同一である。同調査で日本は1.43、米国は1.87、フランスは2.01となっている（WHO, 2013）。ちなみに日本は2014年の国内調査結果では、1.42である。オーストラリアでは2001年が最低で、1.74であったが、その後は上昇し、2010年以降は1.92か1.93で安定している（ABS, 2014）。

　海外の社会学会では、妻の就労が出産率を高めているとするホブソンらの意見も支持されている（Hobson et al., 2006）。日本では夫の家事育児時間が長いほど、第二子以降の出生割合が高い（厚生労働省、2011）。スウェーデンでも同じ傾向が見られた（Goldscheider, et al, 2013）。一方、オーストラリアでは、夫の家事参加率と妻の第二子出産率に、有効な関係性を見出せなかった（Craig & Siminski, 2010, 2011）。

　では、母親指標や合計特殊出生率を高めている原因は何だろうか？　筆者が考えるところでは、妻の子育て負担感を軽減する方法が複数存在する

ことではないかと思う。特に親（母親）のケアがあることだ。

　そこで、この章では、筆者のオーストラリアでの出産経験から、子育て負担感を軽減したと思われるものを以下で紹介していきたい。

2．子どもを預けることへの低い抵抗感

①子どもを預ける練習

　私が出産した病院はシドニー北部では評判の高い所であったが、「近い将来、子どもを誰かに預けるであろう」という前提で、親にその練習をさせていた。ナースたちがしきりに「新しい子どもの誕生を夫と祝いに行きなさい」というのだ。入院期間は普通分娩では5日間なのだが、驚いたのは、「退院の前日の晩は乳児を病院で預かるので、夫（またはパートナー）とレストランへ行って2人で祝いなさい」という制度があることだった。これは、出産・入院のしおりにあらかじめ書かれているのだが、乳児を預ける練習とは、預ける前に母乳を搾乳しておいて冷凍保存することを学ぶということだ。第一子を出産した日本の病院ではなかった習慣で、筆者は価値観の違いに驚いたが、おかげでその晩は夫と楽しむことができた。

②子どもを預けるのは親の権利？

　出産直後から、ナースや保健師から、「保育園を利用するのは親の権利である」と言われ、「（子どもは）どこの保育園に預けるの？」と聞かれ、次々とベビーシッターの探し方や様々な保育サービスの案内をされ、戸惑った。また、預ける場合のことや保育園に入れた場合の政府からの助成金のもらい方など、こちらが質問してもいないのに、子どもを預ける前提で話し出すことにも驚いた。

　さらに、出産時にもらう冊子類があるのだが、栄養の話などのプリントの他に目立つのは保育関係の冊子だ。次ページに現物の写真を載せるが、どれも内容は保育先一覧と、その保育内容、預け先の探し方などばかりである。

　連邦政府の家族サービス担当大臣は「子どもたちがその可能性を最大限

に伸ばすべく、幸福で健康な環境で育つこと。国はそれを確約する責任があります。オーストラリア政府は高品質な保育を公平かつ安い料金で、どの家庭の子どもも受けられるよう、助成金を提供する責任があります」と述べていて、「保育園は様々なよい体験をする所」というニュアンスで紹介されている。州政府のコミュニティサービス担当大臣は「親には、子どもを保育園に入れる権利があり、保育に関する情報をこの本で提供しています」と語っている。

筆者が出産時に連邦政府からもらった冊子類

州政府コミュニティサービス
担当大臣からのメッセージ

トレシリアンへの入所案内
（28ページ参照）

あらゆるケア施設や遊び場の情報を網羅している（自治体発行）

3．保健師による母親への「大人目線」のアドバイス

　オーストラリアでは通常、出産後約1週間で、Neonatal Paediatricianという出産直後専門の小児科医に子どもを診察してもらう。そして、約10日〜2週間でEarly Childhood Health Centre（乳幼児に特化した保健所）で、保健師による子どもの発育チェック、母子の面談、保健指導を受ける。必ず1対1で、時間は約20分〜30分である。その後は、生後1.5か月、生後2か月、生後4か月、生後1年時に同所で同様のチェックを受ける。内容を以下に記す。

＊育児に専念しすぎない
　「母親の感情の健康状態」という項目では、仕事をすることなどを勧められる。筆者の場合は、「育児・家事の他に今、やっていることがありますか？」と問われ、驚きのあまり聞き返したのだが、再度同じことを聞かれた。
　そこで、実は大学院生で今は出産のため休学している旨を伝えたところ、「素晴らしい。母親が育児以外のことをするのは大変よいことです」と言われた。
　理由は、「育児だけをしていたらノイローゼになるから」であった。このような質問と助言は、この保健師が特殊なのではなく、当時のニューサウスウェールズ州（以下、NSW州と略す）政府の健康局作成のマニュアルに沿ってのものであるので、州政府の考えと見なしてよい。しかし、日本の常識では、出産後10日の母親に聞く質問ではない。
　オーストラリア在住時は、普段、街中でもよく他人から話しかけられるのだが、確かに幼い子を連れていても仕事を聞かれる。それは恐らく、会話のきっかけを探すためにそう言っているように思える。

＊「母親がハッピーでないとよい育児はできない」
　何度も保健師に言われた言葉である。仕事でなくても、趣味を続けたり、育児の愚痴を言い合う仲間を作ることが奨励される。「同じ日本人の母親

同士のプレイグループに入りなさい。母国語で話せるし、価値観も一緒だろうから、異国の地での育児ストレスを緩和させるでしょう」といったアドバイスももらった。

＊夫婦の会話を大事にしなさい

　「あなたは大人で、子どもではないということを忘れないでね。また、あなたは子どもとペアなのではなく、夫とペアであることを忘れないでね」

　これは、筆者にとって印象深い保健師の言葉である。夫と大人の会話をするようにしなさい。そうでないと、話題も子どもじみて、子ども相手の話しかできなくなってしまうから、というのだ。つまり、母子のつながりが強固になりすぎるのを牽制しているのであろう。また、母子が四六時中一緒に居すぎることで、虐待につながりかねないことへの危惧もあると考えられる。

　オーストラリアでは、基本的に子育てプログラムはアメリカのものが輸入されて使われていた。そこには、「夫婦関係が良好であると児童虐待が少ない」ということが書いてあったが、このことがオーストラリアで受け入れられたのは1980年代になってからだった（Tomison, 1998）。保健師は、この考えを背景に話していたと思われる。

＊赤ちゃんを母親が独占しない

　私が出産した時に手渡されたプリントにはこんな文章があった。

　「赤ちゃんを外国からのお客様だと思って接しなさい。やさしく、そして尊敬の念を持って接すれば、必ずそれに応えてくれるでしょう」

　日本では見慣れない文言だろう。自分の子どもも、一人の個人と見なしていて、決して自分の所有物ではないのである。

　一方、日本の場合は子どもの育児責任はほぼ全面的に母親に委ねられる傾向にあるので、「お母さん、しっかりしなさい」のように言われることが多い。そのため、子どもを母親の所有物としてとらえているのではないかと思われるケースによく出会う。ちなみに、オーストラリアで人気の育

児指導者マイケル・グロースは、母親が子どもを独占することがよくない理由として、子どもには老若男女の人々と交流することで、刺激を受け伸びる可能性があることを挙げている（Grose, 2010）。

＊親の職場を子どもに見せなさい

　「母親の職場や（勉強している場合は通っている）学校を子どもに見せることは可能ですか？」とよく聞かれた。

　私が可能だと答えると、次のような答えが返ってくる。

　「是非見せなさい。そうすると、子どもはなぜ自分が保育園に預けられているのかを理解し、納得します」

　後述するが、私は確かに何度か大学に子どもを連れて行った。大学では、先生はとても温かく子連れの学生を迎えてくれたし、そもそも教授たちも小学校の春休み期間中などは、自分の子どもを大学に連れてきて、教授室でゲーム等をして遊ばせていた。

　また、夫の職場では子どもの見学は難しかったが、時々行われる職場のパーティーは家族を同伴するので、お互いの伴侶や子どもたちとも知り合いになることができ、大変有意義であった。

＊ベビーラッピング（スウォドリング　Swaddling）の勧め→
ハグ（Hug）の勧め

　私の出産時、保健師から次ページのようなマニュアルを手渡された。

　赤ちゃんを巻くのである。

　実際にやってみたが、上手くできなかった。筆者には、赤ちゃんを優しく包むイメージしかなかったからだ。

　後で分かったのだが、コツは、もっときつく巻くことと、摩擦の多い生地、例えばガーゼ地やネル地等を使うことだった。結構、ギュッと巻くと、一見、乳児虐待のようにも見える。

【赤ちゃんの巻き方】

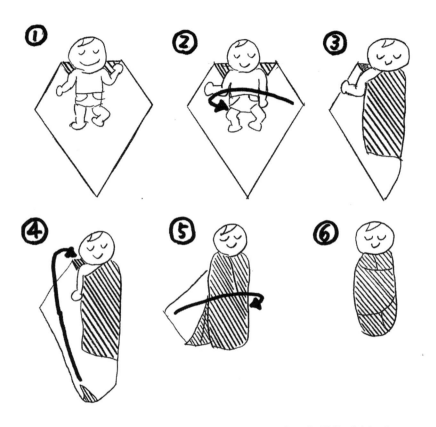

イラストは筆者の手書きによる。

　人類学者の正高信男によると、ベビーラッピングの習慣がある地域では、多産の傾向がみられるという。この方法はスウォドリングとも呼ばれている。乳児の顔だけ出して、胴体を布できつく包むという育児方法である。こうすると乳児は体が安定し、ぐずることがないらしい。だから親もあやす必要がなく、その間に仕事や家事がすすむというわけだ。この習慣がある地域の女性は、ない地域の女性より、一生の間に２人多く出産している

スウォドリングされた赤ちゃん(政府の子育てDVDより)

という(正高、1999)。

出産した人に政府が無料で配布したDVD(後述)にもこの方法は収録されている。

日本では積極的に紹介されていないが、過去には似た習慣が農村ではあった。

つまり、スウォドリングやそれに似た習慣があることによって、子育ての負担感が減るわけである。

「子育ての負担感を母親が強く感じると、より少なく子どもを産む傾向がある」と言ってよさそうだ。

その代わり、スウォッドリングの時期が過ぎたら、子どもをよく抱きしめよ、ハグ(HUG)するようにと言われる。

大人でも、ギュッと抱きしめられると心の安定作用があるとのことで、テンプル・グランディンがその効果を発表している(Grandin, 1992)。

＊伝統よりも、科学的根拠のある育児法を参考にしなさい

赤子にとって、スキンシップがいかに大切かを知る実験がある。「フレデリック大王(神聖ローマ帝国皇帝フリードリヒ2世、1194〜1250)の実験」

（公益財団法人母子健康協会、2016）と、戦後では心理学者ルネ・スピッツ（1887-1974）の実験 である。

ともに孤児を対象に、スキンシップをしないという実験を行った。

フレデリック大王は、言葉を教わらないで育った人間がどんな言葉を話すのかに興味を持ち、それはヘブライ語だろうと予想して実験を行った。産業革命後のヨーロッパでは捨て子が多く、拾われた子らは、修道院で修道士によって育てられていた。そこで、フレデリック大王は50人の赤子を集めて実験を始めた。修道士たちにマスクをさせ、赤子と視線を合わせてはいけない、笑いかけてもいけない、語りかけてもいけないと命令した。その代わり、ミルクを与え、おむつ交換、入浴などの世話はさせた。ところが、実験が終わらないうちに赤子たちは皆1歳未満で死んでしまった。

一方、ルネ・スピッツは戦争で孤児になった乳児55人に対し、同様のスキンシップを一切行わない実験をし、その結果、27人が2歳になる前に死亡した。残った子どものうち17人は成人する前に死んでしまい、11人は成人後も生き続けたが、その多くには知的障碍や情緒障碍が見られた。

この2つの実験から、赤子は食事や排せつの世話だけでは不十分で、スキンシップや情緒的交流がないと死んでしまうということが分かった（ISA国際スキンシップ協会、2016）。原因はスキンシップの欠乏で、成長ホルモンが十分に分泌されなかったことではないかと考えられている。スキンシップにより、安らぎを感じるホルモンであるオキシトシンが脳から分泌され、情緒が安定する。

4. 親教育の必要性

日本でも、親教育の必要性は訴えられている。

神田富美子によると、親が血縁者と離れたところに住んで育児をするようになったことで、血縁者からの支援を受けることが難しくなっている。また、地縁関係が崩壊し、「ご近所付き合い」がないまま、出産するので、産後孤独な密室育児になってしまう。さらに、社会が子どもに対して大人業をしなくなった。つまり、現代の大人は、知らない子どもには関わらな

い人が多くなったからだという（神田、2009）。

　カナダには「Nobody's Perfect」（邦題：『完璧な親なんていない』）という日本でもよく知られた、親になる人（特に初めて親になる人）のためのプログラムがある。これは、0歳〜5歳までの子どもを持つ親を対象に「親」「こころ」「しつけ」「からだ」「安全」の5冊のテキストを無料で配布するとともに、保育つきで6回〜8回の連続講座を行うものである。その中で、必要に応じて、テキストを参照しながら、互いの悩みを打ち明けあって、それぞれ自分に合った子育ての仕方を学んでいくプログラムである（キャタノ、2002）。

　日本では、親教育に関する情報は書籍くらいからしか得られない。もっと政府が音頭をとって、子育てのプログラムを整備していくことが急がれる。筆者が川崎市でボランティア活動をしている育児サークルでも、一応「親の教育」を謳ってはいる。しかし、毎回20組の親子に対して講師は1人か2人で、どうしても「講義・質問形式」になってしまう。個別対応は、時間的にも費用的にも難しいのが現状である。

「ホームスタート」プログラム
　シドニーの北部に位置する工業都市にあるニューカッスル大学の「ホーム・スタート」というプログラムも、親教育の成功例として、NSW州では特に知られている。

　内容を端的に言うと、「新米ママさん」の家を異年齢のボランティア（多くは中年女性）が週に1回2時間くらい訪問して、育児の助言や子守りを行い、友人になるというものだ。1989年より導入され、評価は高いという。クリスマスなどのイベント時などには、一堂に会し、他の新米ママたちにも会える。もとはイギリス発祥のサービスで、子育てを終えた母親や祖母たちが、自分の育児経験を同じコミュニティの若い母親たちに役立てたいという思いが出発点である。

　このサービスを受けられる条件は、ニューカッスル市内、もしくは隣接する市に居住する（2016年5月現在ではNSW州内に拡大し19か所、ビクトリ

ア州に3か所ある）、5歳未満の子どもが一人以上いる家庭で、母親本人が希望する場合のみである。

　訪問するボランティアは現在、ほとんどが中年女性だが、男性も少数ながらおり、皆、専門のトレーニングを積んでいる。トレーニングは週1日で、10週間である（Home-Start HP, 2016）。若いママさん同士が友人になるのではない点がユニークだ。確かに、ママ友には良い面もあるが、ママ友いじめなどの悪い面もある。

　私感では、母親たちは子育てについてしゃべりたがっているし、特に褒めてほしがっていると思う。筆者の日本でのボランティア経験では、母親に人気のある講座がある。それは中年女性の講師の人が「皆さんは、家事育児を頑張ってきました。立派です。自分で自分を褒めてあげましょう」という内容なのだが、多くの母親がそれを聞いて泣くのである。いかに若い母親たちが家族からの感謝に飢えていたかが分かる。

　上記のことは、年齢の近いママさん同士で褒め合うより、年上の人から褒められると心に響きやすいのかもしれない。そういう意味で、「ホームスタート」プログラムは親の教育に関して妙案であると言えよう。

5. トルービー・キングと母乳育児

　英語圏での育児を語る時、トルービー・キング医師（Truby King,1858-1938）について語らなくてはいけないだろう。ニュージーランド出身の英語圏で活躍した医師で、亡くなった時にニュージーランドで初めて州葬が行われた人物である。

　彼は1907年に"Feeding And Care of Babies"という育児本を出版するが、この本は彼の没後の1950年代に、イギリスで育児の教科書的存在となる。

　出版から100年後の2007年にイギリスのテレビ番組でこの育児法が取り上げられ議論が再燃した。

　キングの残したもう一つの存在である、プランケット協会（保育組織）は現存し、日本でも高く評価されている。後述する産後ケアの施設（カリ

タネ）へと発展する。

キングの育児法

トルービー・キング
（Wikipediaより）

* 「子どもは見守るべきだが、彼らの言うことを聞いてはならない」という方針をとる。
* 母乳育児の推奨。
* 「母乳を与えるのは、4時間おき」など、親が赤ちゃんの生活リズムをコントロールするもの（筆者も病院でそう教育され、楽であった。つまり、今のオーストラリアでも存続している）。
* 新生児でも、生まれた日から一人部屋を与え、一人で寝る習慣をつける。
* 赤ちゃんが泣いても、放置することで子どもの自立心を養う。
* 特に生後3か月は、肉体的接触は最小限にとどめ、抱っこは控える。
* 日中に1時間程、ベビーカーで外出させる。

キングの育児法への批判点
* 赤ちゃんに一部屋を与え、一人で寝かせるのは、突然死も起こり得るので危険。
* 母乳育児にこだわりすぎて、母乳の出が悪い女性にプレッシャーを与えてきた。
* 抱っこを控える育児で、子どもが情緒的に正常に育つのかという疑念。
* 女性に過度の母乳育児を強調したため、「女性の高等教育や社会進出を否定している」と女医から非難された。

キングの育児法への評価点

＊ニュージーランドの乳児死亡率を下げた（1907年当時、1,000人中88人だったものが、30年後には32人へ）。これは哺乳瓶を十分消毒しなかった当時の育児から、母乳育児に切り替えがあったためと見られる。
＊親が時間をコントロールする方法なので、育児ノイローゼになりにくい。2007年の番組でも、キング・メソッドを取り入れた夫婦は、この方法について、「育児ストレスを感じない」と大変気に入っていた。

極端な育児法と言われがちだが、自分なりにより安全にアレンジすれば、便利な育児法と言えよう。

キングも、「親が自由な時間を持ったほうがよい」と言ったわけだが、当時、こう言われた意味は、夫婦の時間を持って、より多くの子を出産して欲しいというものであった。

そのほかの彼の功績としては、当時流行していた子どもの夏季の下痢（胃腸炎）の原因が、哺乳瓶の不衛生な扱いであることを突き止めたことも挙げられる。例えば、現代では哺乳瓶は1回使うごとに、ビンも乳首も洗浄し殺菌するのが当然だが、当時はされていなかったのだ。そこで、キング医師は哺乳瓶を使用しない、母乳育児を推奨するようになった。

また、キング医師は1904年、日露戦争中に日本兵の強さを分析しに来日した。そして、その勝因を日本の母乳育児にあると確信したのである（King, 1948 p.151）。帰国後、彼は、それをニュージーランドやオーストラリアで推奨するようになった。

しかし、オーストラリアでは、女医たち、特にハーパーは、キングの意見に懐疑的であった。オーストラリアでは1800年代から女医がいて、活躍していたのである。キングの母国、ニュージーランドでは、この方法をナースが権限をもって実行し広まったが、オーストラリアでは医者たちが反対し、あまり広まらなかった。しかし、彼が残した「カリタネ」という母子センターは存続している。

うまく母乳が出ない女性の場合は、母乳育児にこだわりすぎることは精神的に望ましくない。看護学では教科書となったタウンゼント教授の本に「母乳育児は赤ちゃんにとっては安全を感じるし、母親にとっては母性を刺激する」と述べられている。しかし、後に教科書となったマイヤーの本では母乳育児についてはほとんど触れられていない。また、1950年代に入るとメディアがマリリン・モンローなどを賞賛することによって、母乳育児はまた下降線をたどった。なぜなら、母乳を与えることでバストの形が崩れてしまうからだという（Reiger, 2001）。

「赤ちゃんの育て方」番組事件

「赤ちゃんの育て方」はイギリスで制作されたテレビ番組で、2007年にチャンネル4で国内放送された。内容は、時代ごとに流行した3つの育児法を紹介したものだ。

1つ目は、トルービー・キングの育児法。1950年代に行われた育児法で、赤ちゃんに厳しく接し、赤ちゃんの要求ではなく、親に合わせて赤ちゃんに規則正しい生活をさせるものであった。2つ目は、60年代にブームとなったベンジャミン・スポックの育児法で、「親が本能的に子どもにしてやりたいことをしてあげなさい」というもの。これは、赤ちゃんの要求にも目を向ける点で、キングの提唱したものよりは、いくぶん赤ちゃんに寄り添った育児法であるが、「添い寝は自立を妨げる」としている点など、必ずしも赤ちゃんに優しいものとは言えない。3つ目は、アメリカの人類学者ジーン・リドロフの提唱した継続育児法（彼女がContinuumコンセプトと名づけた）である。これは70年代にネイティブ・アメリカンの習慣を見習ったもので、母親と赤ちゃんの肌と肌の接触が多いものである（常に抱っこひもで抱っこしているようなイメージ）(Daily Mail Online, 2015)。比較的、現代の育児法に近いと言えよう。

番組でキングの育児法を紹介したのが、看護師のクレア・ベリティという女性だった。彼女は、現代では馴染まないキングの育児法を推薦したように受け取られ、放送後、視聴者から番組に多くの苦情が寄せられた。特に、赤ちゃんを別室で放置して寝かせるというのは、赤ちゃんの突然死

(Sudden Infant Death, SID) などの危険性があるとクレームがあった。そこで、番組はクレア本人が持つという3つの資格、学歴等を調査したところ、全て虚偽であったことが判明した。

　オーストラリアのテレビ局ABC1で2009年に放送された時には、あらかじめ免責事項として、「いくつかの方法は、現代の科学では相応しくないものが含まれています」などの字幕が流れた。このように、「赤ちゃんの育て方」は、イギリスでもオーストラリアでも、問題のある番組となってしまった（Bringing Up Baby, 2015）。

6. 産後ケアの施設：トレシリアン・カリタネ・ンガラ

「産後うつ」対策の必要性

　オーストラリアには、出産・退院後の母親のケア施設があり、筆者も案内をもらった。家庭医か出産した病院の紹介があれば、母子ともに宿泊して、両方ともケアしてもらえる。父親も宿泊できる。産後うつ病をはじめ、母親が赤ちゃんを育てるのに何らかの困難を抱えている家庭が対象であるが、対象外でも利用でき、簡単に紹介状を書いてもらえる。

　「産後うつ」とは、出産した女性はホルモンバランスが一時的に崩れるので、人によってはうつ状態が出ることをいう。これは「わけもなく泣いてしまう」とか「気分が落ち込む」といった軽度の症状から、最悪の場合は自殺にも至る。周産期うつ病の代表的な実証研究はイギリスのケンデルらのものが有名で、産後1年間で通常の14倍、出産後1か月では、通常の35倍もの発症率であった（Kendell, et al., 1987）。一般に出産後、10%～15%の人が発症すると言われている（Utu-web-clinic, 2016）。

　ちなみに、この施設は、韓国の「産後調理院」とは似て非なるものである。韓国の産後調理院は、健康な母親が体力回復のために産褥期をゆったりと過ごす場所である。一方、オーストラリアのこれらの施設は、出産後、一旦自宅で育児をした後、産後うつ病を発症したり、不安感が強かったり、育児困難が生じた場合に利用するもので、育児指導や母親の治療を含み、目的が異なる。

2016年4月になって、日本で初めて、妊産婦の自殺者数の調査結果が東京都監察医務院などによって明らかになった。それによると、東京23区で自殺で亡くなった妊産婦は2005年〜2014年の10年間で、合計63人に上ることが分かった。出産数に占める割合は10万人あたり8.5人であり、これは、出血などによる妊産婦死亡率の約2倍である（毎日新聞、2016年4月24日）。日本では、妊産婦のメンタルケア施設が充実していないことが理由であると考えられる。

　とはいえ、日本では、公益社団法人日本助産師会が各都道府県に1か所ずつ「子育て・女性健康支援センター」が設置され、月曜日から金曜日までの10時〜16時まで、電話相談を基本に妊産婦への支援が行われてはいる。訪問してもよく、育児不安や産後うつだけでなく、更年期障害から、思春期、不妊の悩みまで幅広く扱っていて、周産期に特化してはいない。ただ、「電話に出られない場合もあります」（公益社団法人日本助産師会、2016）と予めホームページに載せるなど、人手が足りていない様子である。

① 『トレシリアン』（Tresillian）
　1918年にシドニーで王立母子保健福祉協会が設立した施設及びサービスの総称である。
　これは、高い乳児死亡率と乳児の母親たちへの健康福祉サービスの欠如を改善すべく、NSW州政府によって始められたものだ。
　乳児死亡率とは、1,000人の新生児のうち1年未満で死亡する割合のことである。例えば、1900年当時の乳児死亡率は、オーストラリアで100人、イギリス（イングランドとウェールズのみ）154人、ニュージーランド75人、アメリカ129人である。比較として2015年、WHO発表の乳児死亡率を見てみると、オーストラリア3人、ニュージーランド5人、ちなみに日本は2人である。アメリカ6人、イギリス4人で、いかに当時の乳児死亡率が高かったかが分かる（WHO, 2015）。
　特に、第一次世界大戦下で若い母親たちが未亡人になり、47,000人もの乳児が、貧困、病気また不衛生な環境のために亡くなった。これを受けて、協会は5歳未満児の高い死亡率の改善を目標として定めたのである。1919

トレシリアン（HPより）

年には、協会はNSW州の議会法により法人化された。

トレシリアンという名称は、イングランドのコーン・ウォール地方にあるトレシリアン村に由来する。初代オーナーの出身地であった。

設立当初の報告書には、下記のような目標が書かれていた。

* 赤ちゃんと母親の命を救う。
* 赤ちゃんと母親に関する機関全てと連携する。
* 福祉センターと委員会を各都市部と地方に設立する。
* 母親が休憩できる家を設立する。
* 全ての未就学児の世話と指導をする。

先述のキング医師の育児法に反対した中心人物は、女医のマーガレット・ヒルダ・ハーパー（Dr. Margaret Harper：1879-1964）であるが、彼女は乳児専門の小児科医（Paediatrician, 日本では耳慣れないが、オーストラリアでは新生児、いわゆる、出生後1か月未満児専門の小児科医。オーストラリアではこの新生児専門医の診察を受診しなければならない）で、母子の保健に精力的に貢献した人物だ。彼女は最初のベビー・ヘルス・センター（保健所の類似施設）[2]での名誉医師、王立母子保健福祉協会の委員、トレシリ

アンセンターと看護学校の医局長を30年間も務め、トレシリアンに貢献している。

　また、彼女は、ベビー・ヘルス・センターの看護師たちが親に基本的な育児教育（衛生面の指導や予防接種を受けること等）を施し、より活躍できるよう、1921年「乳児の福祉訓練学校」（看護学校）をシドニーのピーターシャムに設立した。ハーパーは1930年に小児脂肪便症（セリアック病）と膵嚢胞性線維症の違いを発見した人物として国際的な評価を得た。

　2016年現在、トレシリアンは、シドニーに4か所、ＮＳＷ州内に他に2か所の合計6か所あり、宿泊プログラム、日帰りプログラム、電話相談、直接相談などを行っている。

　2014年7月〜2015年6月までの1年間で、5,326人に宿泊プログラムを、4,432人に日帰りプログラムを、3,587人に直接相談を、48,839人に電話相談を行った（Tresillian, 2015）。

　以下に紹介する、カリタネ、西オーストラリア州のンガラなどは、トレシリアンとほぼ同じ機能を果たす施設であり、同様の施設は団体名こそ違うが、ほぼ全州に存在する。

② 『カリタネ』（Karitane）

　もともと、親に子育て方法を教育する施設である。オーストラリア育児会・プランケット・システム（Australian Mothercraft Society Plunket System）が1923年に発足し、1970年にカリタネ育児会と名前を変えたものである。「カリタネ」とは、ニュージーランド南島のダニーデンの北25キロに位置する、静かなビーチで、そこにキング医師の別荘があった。この地にちなんで名づけられた。「プランケット」とは、子育て支援に熱心だったニュージーランドのプランケット総督夫人に由来する。彼女の1908年の有名な演説は、次のようなものである。

　「母親は子どもをどのように育てるかについて、本能的に知っているという古い考え方は、ナンセンスなことで、母親は子育て方法について助言される必要があります」（松川、2000、P123）

　20世紀初頭から、労働党は政府が保健サービスを全ての国民に提供す

べきだと考えていた一方、自由・保守連合は、健康や福祉といったものは自己責任で各コミュニティが貧しい人々の世話をすべきだと考えていた。

　労働党と前述の第一次世界大戦での惨状が、王立母子福祉協会の設立のきっかけとなった。

　1919年、王立母子福祉協会がトルービー・キング医師をニュージーランドから招いた。なぜなら、当時のヨーロッパやアングロサクソン系の国では、乳児の高い死亡率が重要な懸案事項であったからだ。

現在のカリタネが提供するサービス

　カムデン支所では3泊4日の宿泊育児相談サービスを、カラマー施設では4泊5日のサービスを提供している。育児相談代金は、ほぼ全額健康保険で賄われ、食事代金と宿泊代のうち少額だけが実費である。

　デイサービスは、リバプール、ランドウィック、カムデン各施設で行われており、「両親教室」などがリラックスした雰囲気のもとで開かれている。希望すれば、各家庭に専門家が出向くこともある。対象は、新生児から5歳児の子どもがいる家庭。訪問するのは、子どもの健康に詳しい看護師、心理学者、授乳コンサルタントやソーシャルワーカーなどである。個別に相談を受け付けるのはもちろん、子どもの睡眠、落ち着かせ、食事の与え方、産前・産後のうつ病などのセラピー・グループを紹介する。

　また、カリタネのカラマー施設は、「産前3か月から産後1か月のメンタルヘルス・クリニック」とその宿泊治療施設「ジェイドハウス」、「問題のある幼児のクリニック」の3つが合同したもので、総合病院のように大きい。

【カリタネの施設など（HPより）】

子育てのアドバイスがもらえる

宿泊する部屋

第 1 章　出産直後の親のケア　　33

赤ちゃんと大人のお風呂

ベビーベッド。親のベッドと廊下の間にあり、異常があった時にナースからも親からも見えるようになっている

食堂

③『ンガラ』(Ngala) 西オーストラリア（WA）州

　筆者は2014年8月に訪問した。施設は大変厳しく管理されていて視察が不可であったため、受付で話を伺うにとどまった。平屋建ての大きな施設で、宿泊室数は40室程度。保育園も併設されていた。

　100年以上の歴史があり、子どもの健やかで安全に、愛情あふれる環境で育つ権利を促進してきた。1890年代の「慈悲の家」が発祥で、後の1916年に「アレクサンドラ女性のための家」として知られるようになる。1949年WA州で最初の育児看護師を育成する施設、翌1950年に育児看護師学校、1956年に「ンガラ育児の家、トレーニングセンター」となった。2016年現在、WA州の州都パース地区に17か所、その他州内に9か所設置。数多くの子育て教室ワークショップ、イベント等を開催している。

　因みに「ンガラ」とはアボリジニのヌーンガー語で、「私たち」とか「2つ」という意味である。

【ンガラ産後センター】

入り口

受付

待合室

開設当時のンガラ

「デイステイ・プログラム」

　日中にベッド付き（親用も子ども用もある）の個室にチェックインして、子育てのレッスンを受ける。9時〜15時までいられる。子育てが難しい時はしばらく宿泊して、子育てレッスンを受けることもできる。

　電話での相談事業も行うヘルプライン・サービスも提供している。

　電話の場合、8時〜20時まで、年中無休で営業。不在時も3時間以内にかけ直している。また、パソコンのオンラインでも相談を受け付けている。親だけでなく、妊婦向けのアプリも提供している。

　WA州には唯一の女性刑務所「バンディアップ」があり、そこでの育児指導も請け負っている。生後12か月までの乳児は、母親と一緒に刑務所で過ごすことができる（ただし、それが一番子どものためになる場合のみ）。また、養子を迎える両親のために、育児教室も行っている。

　スポンサーはWA州政府の健康部門、教育部門、矯正サービス部門、及び連邦政府の社会サービス省、宝くじ協会、スミス・ファミリー（福祉協会）、貧困撲滅運動団体、親業調査センターなどである（Ngala HP, 2016）。内訳は州政府から42％、連邦政府（国から）14％、父母が支払う保育費36％、政府以外の寄付2％、ファンドレイジング1％、その他5％となっている。

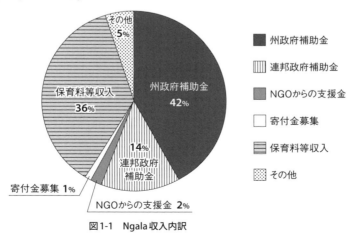

図1-1　Ngala 収入内訳

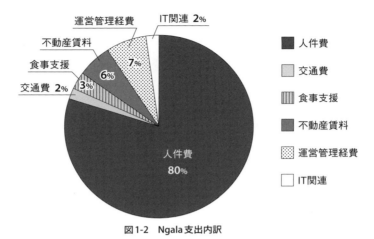

図1-2　Ngala 支出内訳

ンガラの2013年7月～2014年6月までの年間予算
図1-1、図1-2は13,000,000豪ドル≒約10億円（1豪ドル＝80円で計算）

7．まとめ

　子どもを出産した女性は、1年間くらいは体力的にも精神的にも辛いのは事実だ。しかし、オーストラリアの保育環境は、周りの環境によってそれを緩和させることができるというよい見本だと思う。

　保健師は、子どもを人に預けることや、スウォドリングで手のかからない育児を勧める。夫婦で仲良くすることを勧めるのも、虐待防止策の一つと言えよう。

　また、アドバイスが大人の目線に立ったものであることも、子育てで生活が一変してしまうのではなく、親の生活に新たに育児が加わったというくらいの、あまり重くない感じで育児を受け止めることを容易にしている。さらに、育児が「密室育児」にならないように、いろいろな策を講じている。

　トルービー・キングの育児法は、時代背景を考慮すると、それなりに評価できると言えよう。今の病院でも授乳は4時間おきなど、彼の教えは生きており、そのおかげで、筆者は楽な育児を経験できた。

　産後のケア施設も、どこも約100年の歴史があり、予算も多く、連邦政

府、州政府が援助している。ハーパーの貢献により設立されたトレシリアンは、筆者のかつてのシドニーの自宅のすぐ傍にある。筆者が利用することはなかったが、病院が子どもを預けることを熱心に勧めていた施設である。

　このように、筆者がオーストラリアでの育児が楽だと感じたのには、いくつかの理由があったことが分かる。

注
1)　1919年イギリスで発足した子ども支援専門の国際組織。
2)　1914年、シドニーのアレキサンドリアに設立された。

参考文献
Australian Bureau of Statistics (ABS), 2015. *Births, Australia, 2014* Cat.no. 3301.0 Canberra : AGPS.
Bringing Up Baby（TV programme）
　https://en.wikipedia.org/wiki/Bringing_Up_Baby_(TV_programme)
　（最終アクセス日　2015年10月22日）
Craig & Siminski, 2010, "Men's Housework, Women's Gousework, and Second Births in Australia" *Social Politics: International Studies in Gender, State and Society* 17(2):235-266.
Craig & Siminski, 2011, "If Men Do More Housework, Do Their Wives Have More Babies?" *Social Indicators Research*, 101(2): 255-258.
Daily Mail Online
　http://www.dailymail.co.uk/femail/article-482838/What-best-methodbringing-baby.html（最終アクセス日　2015年10月22日）
Goldscheider, et al., 2013, Domestic Gender Equality and Childbearing in Sweden, *Demographic Research*　Vol.29　1097-1126.
Grandin, Temple, 1992, "Calming Effects of Deep Touch Pressure in Patients with Autistic Disorder, College Students, and Animals" *Journal of Child and Adolescent Psychopharmacology* Volume 2, Number 1, 1992.
Grose, Mickael, 2010, *Thriving!* Random House Australia
Hobson, Barbara, Livia Olah, and Ann Morrissens. 2006, "The Positive Turn or Birth-strikes? Sites of Resistance to Residual male Breadwinner Societies and to Welfare State Restructuring." In RC 19 Meetings of the ISA Sep 2-5.Paris.

Home-start Home page, http://www.homestartaustralia.org/home
（最終アクセス日　2016年2月9日）
Karitane Home page, http://karitane.com.au/（最終アクセス日　2016年1月19日）
Kendell, et al., 1987, "Epedemiology of puerperal psychoses". *British journal of Psychiatry* 150: 662-673.
King, Mary, 1948, *Truby King, the man: a biography*, London: G. Allen &Unwin.
Reiger, Karreen, 2001, *Our bodies, our babies*. Melbourne University Press, pp33-35
Tomison, Adam, 1998, "Issues in Child Abuse Prevention, Valuing Parent Education: A Cornerstone of Child Abuse Prevention" The Australian Institute of Family Studies. No.10, Spring 1998
Tresillian, 2015, *Annual Report* 2015.
Tresillian Home page, https://www.tresillian.org.au/about-us/who-we-are/history
（最終アクセス日　2016年2月1日）
Truby King（Wikipedia）, https://en.wikipedia.org/wiki/Truby_King
（最終アクセス日　2015年10月22日）
WHO, 2013, *Total Fertility Rate*.
WHO, 2015, *World Health Statistics*.
Utu-web-Clinic　うつ病専門サイト　「産後うつ病」, http://uwc.s54.xrea.com/dep/sango.html#column5（最終アクセス日　2016年2月1日）

神田富美子, 2009,「親の心理教育」青木紀久代編『親のメンタルヘルス』ぎょうせい、Pp.72-82.
公益社団法人日本助産師会, 2016,
　　http://www.midwife.or.jp/general/supportcenter.html
　　（最終アクセス日　2016年2月1日）
セーブ・ザ・チルドレンJapan, 2015, 母の日レポート2015「都市部における保健格差」
ジャニス・ウッド・キャタノ著, 三沢直子監修, 2002,『完璧な親なんかいない：カナダ生まれの子育てテキスト』ひとなる書房.
正高信男, 1999,『育児と日本人』岩波書店.
松川由紀子, 2000,『ニュージーランドの保育と子育ての支え合い』溪水社.
毎日新聞オンライン, 2016年4月24日
　　http://mainichi.jp/articles/20160424/k00/00m/040/088000c

第2章　政府が無料配布した育児DVD

　2007年8月20日ジョン・ハワード首相（当時）は、連邦政府が270万豪ドル（約2億6,680万円、1豪ドル＝98.82円、三菱東京UFJ銀行2007年年間平均仲値で算出）を拠出して子育てDVDを作成し、初めての子どもを持つ親に無料配布することを発表した。「この世界に誕生した全ての子どもに安全な環境を提供したいという考えは、オーストラリアのコミュニティ全体に共通する願い」とハワード元首相は語った（JAMS TV, 2007年8月21日）。
　DVDには生後から5歳までの子どもの育て方についての手引きが収録されており、基本的な子どもの健康や成長とケア、母親（もしくは父親がメインに子育てを担っている場合は父親）自身のケアや家族との関係、入手可能な情報源が収録されている。厳密には連邦政府が支援してPARENTINGNETWORKという団体が作成した。
　2007年から2年間は無料配布で、その後は15豪ドルで販売していたが（筆者が入手した2010年は有料であった）、近年新たなスポンサーを得て、再び無料配布になった（ただし、一家庭につき1枚）。同DVDには元ラグビー選手のフィル・カーンズ、俳優のラッセル・クロウなどの有名人のほか、一般の母親父親が出演している。また人種の多様性にも配慮し、出演している一般人の親もアングロサクソン系のみならず、アボリジニ系、アジア系、インド系、イスラム系など様々な家族が普段着で登場し、自らの育児体験を語っている。
　筆者が最も評価しているのは、子育ての一般人として実に多くの親が出演しているのだが、その男女比が半々になっていることだ。育児というと女性の役割だと思われがちだが、このようなDVDを国が配布することによって、父親も母親も同程度関わることに抵抗がなくなるであろう。

「国家が作成した育児DVD」というと、国家による教育統制かと疑念が湧くが、筆者が全編を視聴した限り、そうではないようで、以下に詳細を述べる。合計約300分であり、基本は約35分が2本と約50分が2本で、普通に視聴するとこれらで170分である。残りは専門家のアドバイスや各家庭でのエピソードなどで、これらは「見る」「見ない」を選択でき、エピソードボタンを押せば見られる仕様になっている。詳細はPARENT-ING　NETWORKのホームページを見るようにアドバイスしている。

※注意：このDVDが作成された2007年には出産一時金があったので、内容に出てくるが、序章10ページに記載されているように現在はこの制度はない。

内容
司会Dave Hughes（男性コメディアン・司会者）
(1) 新生児期（0歳〜3か月児）37分　そのうち、「親に向けて」は約5分。
(2) 赤ちゃん期（3か月〜12か月児）36分53秒　そのうち、「親に向けて」は約5分。
(3) 子ども期（1歳〜5歳児）　50分　「親に向けて」はない。
(4) パパ、ママ向けの内容　52分。

DVDのジャケットと本体。写真は著者所蔵のもの。

1. 新生児（対象：出生後～3か月児まで）

（全37分、そのうち約5分が親に向けての内容）

①栄養
1) 育児は計画を立てて支援体制を整えることで、より楽になります。
2) 授乳は母乳でも粉ミルクでも、2時間～4時間おきに与えましょう。
3) あなたが食べた物が母乳を通じて、赤ちゃんの体に行くことを忘れないで。
4) 6か月までは母乳または粉ミルクのみ与えましょう。

②発達
脳がとても発達する時期で、あなたの顔を見せること、声を聞かせること、肌に触ることで一層発達は活発になります。

③つながり
1) 親子のつながりを作るには、時間がかかるものです。
2) 赤ちゃんはシンプルなものが好きです。あなたの顔、あなたに触られること、あなたの声が大好きなのです。
3) あなた以外の家族も赤ちゃんと接する機会を持ちましょう。そして、あなたは少し休憩しましょう。
（「産後うつ」についても少し触れられている）

④泣く
1) 赤ちゃんが泣き声を大きくするのは、何かを欲しい時です。
2) 赤ちゃんが泣くのには意味があるのです。そのうち、あなたも聞き分けられるようになるでしょう。
3) 泣く前の兆候が分かるようになったら、楽ですよ。
4) あまりに泣くのであなたが休憩したくなったら、赤ちゃんが安全な場所にいることを確認してからその場を去りましょう。

⑤ 行動

1) 赤ちゃんが泣き始めても、すぐにあなたが対応したら、ひどく泣いたりはしなくなるでしょう。
2) 「赤ちゃんを甘やかす」ということはありえません。赤ちゃんを喜ばせるためにあなたがやったことは、赤ちゃんの発達に大きく貢献していますよ。
3) 慣れてくれば、何が赤ちゃんを落ち着かせるのか分かってきますよ。
4) 赤ちゃんには現代の生活は刺激があり過ぎます。時には話しかけずに静かにして、ライトを薄暗くしましょう。
5) 赤ちゃんの生活リズムにあなたが入っていくと、先回りして準備できますよ。

⑥ 睡眠

1) 赤ちゃんが眠くなってくる前に、ベビーベッドに入れましょう。
2) 眠りやすいように環境を整えましょう（興味を持つものを置かない）。
3) ベビーラッピング（スワッドリング：18～19ページ参照）で、赤ちゃんが安心するかもしれません。
4) 寝る前のお決まりのルーティーン（例えばお風呂に入れて、マッサージをして、子守唄を歌ってあげる等）をするのは睡眠習慣と強く関係します。
5) 一緒のベッドで添い寝する場合は「突然死防止のガイドライン」をよく読んで、特に注意してください。

※赤ちゃんと同じベッドで寝る場合の注意点

・暑くなり過ぎないように。
・重い毛布や枕はやめましょう。
・赤ちゃんが転がってしまわないか、または埋まってしまわないか確認をしましょう。
・あなたが熟睡する人なら（添い寝は）やめましょう。
・あなたが薬やアルコールを飲んでいるのならば、やめましょう。

⑦健康管理
1) 風呂場はいつも清潔に。
2) 予防接種を受けましょう。
3) 体のどこかが曲がっているように見えたら、医者に診せましょう。
4) 入浴時と着替え時には、体調に十分気をつけてください。
5) 優しく触りましょう。

⑧遊びと学び
1) 何もかもが赤ちゃんにとっては目新しいのです。
2) 光を発するまたは音がするおもちゃは、まだ必要ありません。
3) 1つの遊びで十分です（同時に2つの遊びは不要）。
4) 赤ちゃんが大好きなおもちゃは「あなた」です！　あなたの顔、声、歌声が大好きなのです。

⑨親への内容（5分）
1) 父親と赤ちゃんだけの時間を作りましょう。そうすれば、父親なりの育児方法を見出すでしょう。
2) あなたの友人たちやサポートをしてくれる人たちと、いつもつながっておきましょう。
3) 人に「頼り上手」になりましょう。あなたがストレスを溜めていると、赤ちゃんもそれを感じ取るからです。
4) 重要でないものを手放す術を見つけましょう（例えば、部屋が汚れている、などは今は重要ではなく、あなたと赤ちゃんが幸せならそれでよい）。

2. 赤ちゃん期（対象：約3か月児〜1歳児）

（全37分、そのうち親へ向けての内容は約5分）

「育児には答えがあるわけではありません。でも参考になる本、パンフレット、話、などはたくさんあります」というナレーションから始まる。

①栄養
1）離乳食が始まっても12か月になるまで、母乳もしくは粉ミルクを飲ませましょう。
2）6か月になったら、固形物を一度の食事に1回与えましょう。
3）牛乳かけシリアルで始め、8か月くらいから茹でた野菜や潰したフルーツに移行しましょう。
4）赤ちゃんに自分からも食欲をわかせましょう。
5）あなたが食べている物を見ると、子どもはその食べ物を近いうちに食べ始めるようになるでしょう。
6）12か月ごろには、家族の食事から、赤ちゃんの分を取り分けて、小さく崩して与えることできます。

②発達
1）何か月になったら何ができるとか、発達の目安に合っていないからと言って、プレッシャーを感じる必要はありません。もし、気になるのなら医者に診せてください。
2）子どもに愛情と注意を注ぐことは、子どもの脳を発達させます。

③接触
1）赤ちゃんが起きている間は、できるだけ一緒にいてあげてください。
2）温かさや優しさを与えることは信頼のもととなります。たくさんボディータッチをしてあげることが重要です。
3）子どもと見つめ合ったら、親から先に視線を外すのはやめましょう。

子どもに先に外させてあげましょう。
4) 赤ちゃんはあなたが歌うことや、本を読みながら歌うあなたの声が大好きなのです。

④コミュニケーション
1) 赤ちゃんは何が必要かを知らせるために泣くこともあります。
2) できるだけたくさん、いろんなことを赤ちゃんに話しかけてあげてください。
3) 赤ちゃんがバブバブ言っていたら、それが一通り終わるのを待ってから、親が話しかけましょう。

⑤行動
1) 赤ちゃんの欲求に対していつも答えてあげるのが理想です。
2) 「赤ちゃんを甘やかす」ということはありえません。まだまだ、親が必要です。
3) 躾には早すぎます。
4) 遊ぶ時間と静かに過ごす時間を分けて1日の生活パターンを作ってあげると、赤ちゃんも過ごしやすくなります。

⑥睡眠
サーカディアンリズム（1日の生活リズム）が身につく頃です。
1) 睡眠導入の儀式（決まりごと）を作って、睡眠パターンを作りましょう。
2) まだ日中に数回のお昼寝が必要です。
3) うとうとしてきたら、ベッドに入れましょう。眠ってからではなく！
4) 夜中に赤ちゃんが泣いたら、様子を見て、異常がなければ暗くして、早く眠れるよう退屈な雰囲気にしておきましょう。
5) 突然死（SID：Sudden Infant Death）防止のしおりを読み、そのルールを守りましょう。

⑦ヘルスケア

以下の場合には医者を呼びましょう。
1）いつもより眠そうな時。
2）呼吸が異常な時。
3）顔色が悪い時。
4）食べない時。
また、排せつ物が出ない時も、危険です。

特に緊急な場合は以下です。
◎緑色の液体を吐いた。
◎38度以上の熱がある。
◎足に湿疹が現れた。
◎けいれん、または、ひきつけを起こしている。
◎15秒以上、呼吸をしていない。

メモ
1）おむつ交換台と手を消毒しましょう。
　　でも、消毒スプレーは赤ちゃんから離れた位置に置きましょう。
2）重篤な病気の症状を学びましょう。
3）正しい月齢の予防接種を受けましょう。
4）何かの病気だと思う前に、かかりつけ医に相談しましょう。
5）赤ちゃんの歯もケアしましょう。

⑧安全と家庭内探検

1）家の中を安全かどうか検査しましょう。
2）赤ちゃんは水が好きで、ごく浅い所でも溺れてしまいます。
3）応急処置や、心肺蘇生法の講習を受けましょう。
4）唯一の予防策は常に子どもから目を離さないことです。
　　子どもはあなたが全く予想だにしないことを、最大限に派手に仕出かしてくれるものです。

⑨遊びと学び
1) 学びとは、遊びと探検を通しての発見なのです。
2) 赤ちゃんには笛や鐘など鳴物は少なくていいです。
3) 一度に使うおもちゃは、1個にしましょう。
4) 毎日たくさんの本を読んであげましょう。でも、あまり無理をせず、子どもに「もういい」と言わせてあげましょう。
5) 子どもに新しいことを説明したり、言葉を学ぶ時、「教えるのに絶好のチャンス」がありますから、それを利用しましょう。

⑩親への内容（親のケア）3分45秒
育児は何でも自分一人だけでやろうとしてはいけません。
1) 自分だけの時間を作りましょう。
2) あなたをサポートしてくれる人のネットワークを作りましょう。
3) 誰が何を担当してくれるかを決め、予算内に収まるようにマネージしましょう。

親にもケアが必要です。自分でイライラが爆発する前兆を見つけ、誰かに話しましょう。また、大人だけの時間が必要です。

《一般人夫婦の談話》両親（赤ちゃんの祖父母）に自宅に来てもらい赤ちゃんの世話を頼み、ドレスアップして夫とレストランへ行った。まるで、初めてのデートのようだった。おかしいのは、話題は夫婦ともに赤ちゃんのことばかりだったことだ。

生後1歳まで控えたほうがよい食べ物
①塩。
②砂糖菓子。
③蜂蜜（ちなみに日本でも禁止されている。1987年10月、当時の厚生省は、乳児ボツリヌス症を発症する可能性があるため、1歳まで摂取を控えるように各都道府県に通達を出した）。

④カフェインの入った飲み物（コーヒー・紅茶・コーラ）。
⑤家畜から絞った乳を直に飲ませること。

なお、アレルギー体質の家系では、次の食べ物にも注意してください。
★1歳くらいまで控えたほうがよいもの
①卵と卵を含む製品
②魚
★2歳ぐらいまで控えたほうがよいもの
①ナッツ類
②貝類

3．幼児期（1歳～5歳児）

50分18秒（親への内容はなし）

①食事

1) 子どもにヘルシーで色とりどりの野菜や果物を与えましょう。
2) 親が何を与えるかを決めるけれど、食べる量を決めるのは子どもです。
3) 子どもというのは、親のあなたが食べるのを見た食べ物を食べます。
　　ロールモデル：まず親が食べて子どもに見せる。5回食べる。
4) 毎日同じ時刻に食事をすることで、子どもの食欲のリズムができます。
5) ジャンクフードのほうが健康的な食事より安く、子どもが欲しがります。
6) 心身の健康と成長のために運動をさせ続ける雰囲気を作りましょう。

　2歳まではジャンクフードは味覚を壊すので、与えてはいけません。
　ただし、ポップコーンとアイスクリームはジャンクフードではないので、与えてよいでしょう。甘いジュースではなく、水を与えましょう。

食事の時にテレビを見せてはいけません。ダラダラ食べの原因になります。代わりに親が面白い話をしてあげましょう。
　１日に１時間は運動させましょう。できれば、親も一緒にやりましょう。

◎「嫌いな食べ物はつかんで投げてはいけない、そのまま残しなさい」
　と伝えましょう。
◎特に子どもにとって初めての食べ物は、まず親が食べて見せましょう。

②発達
1）「自分でできる」と認識し始める年齢です。
2）個性が出てくる時期です。
3）一貫した環境のほうが、子どもは日々の生活習慣に慣れやすいでしょう。

③愛着
　子どもの発育に愛着はとても大切です。
1）子どもはより安心できて、愛されていると実感するほうがよいのです。
2）感情的にならないように、イライラ感は最小限にとどめましょう。
3）子どもと静かな時間を一緒に過ごすことも大事です。
4）子どもはあなたや、他の人とどうやって仲良くなるかを学ぶ必要があります。

④コミュニケーション
1）子どもに何でも話しかけると、その分、子どもの言語習得は早まります。
2）内容を子どもが理解できるレベルまで引き下げることで、コミュニケーションが図られます。
3）子どもはしゃべろうとしています。まずは最後まで聞いてあげま

しょう。
4) 子どもが何を言おうとしていたのか、繰り返し聞いてあげましょう。

⑤行動
1) 同情は最も子どもに効果的です。
2) 子どもは必ずあなたのしたことを真似します。
3) よい行いをした時には、ご褒美として笑顔で「ありがとう」と言いましょう。
4) よい子でいさせるためには、6回褒めたら、1回注意するという割合をキープしましょう。
5)「ダメなものはダメ」と教育に一貫性を持ちましょう。
6)「なぜいけないのか」を子どもに説明しましょう。そうすれば、何かを学ぶはずです。
7) 子どもに2つの選択肢を用意しましょう。そのほうが、子ども自身が頭の中を整理しやすくなります。

⑥睡眠
1) 子どもはまだ多くの睡眠が必要です。
2) 寝る時に、物語を聞かせるのは眠りやすい環境に誘います。
3) 寝る時に決まってすることを作り、それを毎晩行いなさい。
4) もし子どもが起きたら、一応様子を見て、異常がなければそのままの状態にしておきましょう。

⑦ヘルスケア
1) トイレトレーニング中は、リラックスして前向きな姿勢でいましょう。
2) 繰り返して、衛生に関する習慣をつけましょう（手洗いなど）。
3) 子どもは、ウイルスに感染しやすいです。が、鎮痛剤の使用は控え目にしましょう。
4) 体調不良が疑わしい時は、すぐに医者の診察を受けましょう。

⑧安全と探検
 1）子どもが自宅内を探検できるように、できる限り安全策を講じてください。
 2）子どもに自分で身を守る術を教えましょう。
 3）常に子どもを見守っていることが、ほとんどの事故を防ぐ唯一の方法であることを忘れずにいてください。
 4）特に水まわりにいる時は注意してください。

⑨遊びと学び
 1）学習とは遊びや探検を通して何かを発見することです。
 2）子どもが何かに好奇心を示している時こそが、教えるのに適しているので、そういった機会を探しなさい。
 3）おもちゃを交換することは新しいことを学ぶかもしれません。
 4）2歳まではテレビを見るのを控えましょう。
 5）毎日、子どもと一緒に絵本を読みましょう。

4. 親へのアドバイス

（約50分）

　この章だけ、司会者が登場せずに、経験者が自分の体験談を語るという形式が多くなっている。

①子どもがもたらす夫婦の関係（体験談）
　お互いに自分勝手になってしまいがちです。
　子どものケアを主に担っているほうが、1日中赤ちゃんのケアをする大変さを訴えても、相手は仕事で自分も大変だった、と喧嘩のもとになってしまいます。
　そこで一旦、自分の気持ちを棚に上げ、相手との会話をするといさかいは減らせます。

②家計

　（家計の専門家による説明）

　9割のカップルが、家計簿をつけていないといいます。赤ちゃんが生まれたら、これを機に家計の管理を始めましょう。子どもが生まれると、明らかに予算より、出費が多くなります。出産一時金を受け取り、社会福祉事務所などで、補助金をもらうことは重要です。本当に経済的に危機に瀕する前に、何か行動しましょう。いくら核家族化が進んだとはいえ、親や友人・隣人を頼るのも一案です。また、無料の家計相談所もあるので、そのようなところを利用しましょう。出産時は大概のカップルがシングル・インカムですから、経済的に難しいのは当然のことです。若いカップルや、シングル・ペアレントの場合は特にそうです。恥ずかしがらずに、慈善団体〔救世軍（Salvation Army）、スミスファミリー（福祉団体）、アングリケア（英国国教会系のケアサポート団体）〕に相談に行きましょう。

　※これらの団体は、状況に応じて食品パッケージ（写真参照）を送ってくれたり、光熱費を支払ってくれたり、衣服（恐らくは中古）を配給してくれたりと直接的なサポートを生活困窮者にしている。その基盤となっているのは、個人や会社からの寄付金である。

食品パッケージの例
出典：ABC News On Line

街中にある赤十字社のリサイクルショップ

＜経験カップルの談話＞

　政府から貰う出産一時金はありがたかった。ベビーベッド、布団、車のチャイルドシート、ベビーカー、おむつなど大概のものはこれで、買い揃えた。社会福祉事務所に相談に行って補助金をもらい、なるべく外出せずに自宅で子育てして節約した。また、何でも新品を求めずに知人からもらったり、リサイクルショップで（St. Vincent dePaulなど）中古品を安く買うなど工夫した。「おもちゃ図書館」は、とても便利だ。おもちゃを3週間借りられて、子どもも丁度飽きた頃、返却すると、同時にまた次のおもちゃが届く。おもちゃをあまり買わずに済んだ。

③子育て支援情報

　A）子どもの発達については、Early Childhood Health Centre（日本の保健所に似ているが、集団検診ではなく個人検診である。子どもが誕生すると、出産した病院、または自宅出産の場合は助産師から子どもの情報が、該当地域のこのセンターに送られる）や、家庭医（GP：General Practitioner）または最寄りのコミュニティセンターに行きましょう。

　B）産後（うつ）や育児困難の人ためのセンターの紹介。

　　＜トレシリアン・センター（28ページ参照）のスタッフの談話＞
　（実際の個室を見せ）私たちは育児に不安がある人を親子ともども受け入れ、24時間体制で専門家が見守っています。専門家は看護師、心理学者、ソーシャルワーカーで、精神科チームもあります。母親だけでなくカップルでも宿泊できます。子どもは廊下側のベビーベッドに寝かせ、親からも看護師たちからも見えるようになっています。また、遊び場もあり（遊び場を案内）、子どもを遊ばせて、親はそれを見ていられます。親は自宅にいるようにくつろぐことができ、1日3食の食事も親子ともに提供されます。子どもの料金は保険等で100％まかなえるので、実質無料です。親は1日につき36

豪ドルかかりますが、経済状況によっては交渉次第でもっと安くなります。とにかく、申し上げたいことは、全ての親子に開かれている施設だということです。

また我々はニューサウスウェールズ州内の施設ですが、同じような施設は他の州にもあります。

例えば、西オーストラリア州ではNgala、南オーストラリア州ではTorres Houseが、ヴィクトリア州とオーストラリア首都特別区にはQE2があります。クィーンズランド州にはリバートン・センターがありますので、各州での同類の施設に連絡してみてください。またペアレント・ホットラインという24時間無料の電話相談がありますので、お困りの際にはそちらも利用してください。

④プレイグループ、保育園、プリスクール

これらは子どもにとって社会生活の基礎が身につく場所です。また、親にとっても地域の人と知り合え、友人を作ることができ、子育てアドバイスを他のママさんからもらえます。

あるプレイグループの責任者は次のように語ります。

「このプレイグループは週に3豪ドルの費用で、フルーツ、サンドウィッチ、誕生会などのパーティーフードが子どもに提供されます」

また、ある親は、「いろいろな年齢の人と親も接することで、親も学ぶ。親である私が得るものがあると、それは私の子どものためにもなる」と話します。

保育園は親との別れが辛いけれど、それで子どもは強くなれます。安全と安心が確保されている場所で、子どもたちはグループへの所属意識が芽生え、他の子とコミュニケートし、分け合うこと、順番を守ることなどを学び、少し独立心を養います。また、親も充実した自分の時間が持てます。

⑤パパも育児参加しよう（コメント紹介）
・子育てに積極的に参加することで父としての自信が得られた。（父親）

第2章　政府が無料配布した育児ＤＶＤ　　55

・夫の世話の仕方が、自分と違っても注意しない。（母親）
・少し妻にリラックスして欲しいと思ったから参加している。（父親）
・私には世間でいう「スーパーマム Super Mum（仕事も一流で、家事育児も完璧にこなす母親）」プレッシャーに悩まされていた。でも、夫が子育てをよくやってくれたので、私はそれから解放された。（母親）
・おむつ替えは厄介なことではなく楽しいことだと夫は気づいた。（母親）

⑥変わりゆく父親の役割（体験談）
・自分は仕事が一番大切だと思っていた。恐らく他の男性もそうだと思う。でも、子どもが生まれてそうではないことが分かった。（父親）
・息子チャーリーが赤ちゃんだった頃、僕（ラッセル）の胸の上で眠りにつき、それは本当に素晴らしい時間だった。自分の父親と電話で話し、父の時代にはそんなことはできなかったと言っていた。それは悲しいね。昔は子育ては女性の仕事だったからね。（ラッセル・クロウ：俳優）
・自分の父の時代と違う。父の時代の男は感情を表してはいけなかったし、とにかく稼ぎ頭でなくてはならなかった。家にいる父親というのは許されなかった。でも、今は父親も泣けるし、ピンク色のシャツも着られる。家にいて子どもの世話をしていてもよい。子どもといられるなんて、素敵な機会だと思う。（父親）

⑦出産後の夫婦生活（体験談）
・出産後のSEXは痛いし、母乳をあげているので乳房も痛む。（母親）
・育児のイライラから夫と緊張関係になってしまった。（母親）
・私は夫に触られるのが嫌で、拒否した。でも、誰でも相手から拒否されることは嫌なものよね。（母親）
・２人の関係性を再構築するのは難しい。でも、可能です。（母親）
・妻が嫌がるので、ハグやキスだけにしていた。（父親）

⑧ママグループ、パパグループ（体験談）
・いつも一人だから、イライラしていた。けれど、ここにきて心地よいと感じている。今は、この集いをとても楽しんでいる。
・孤独でした。でも、ここに来て、皆が同じ経験をしていたと分かった。色々なアイディアをもらえるのはいい。
・とても楽しい。知りたい情報を得られる。子どもの月齢の異なるママと一緒に過ごすのはとてもよい。
・50人〜60人のママさんのグループ内で、男は2人しかおらず、僕たちはすぐに仲良くなった。昔は子育ての悩みなど、男は人に話せなかったが、今は「こういうことに悩んでいる」「どう解決したの？」などと話せる時代になった。時代は変わった。（父親）

⑨別居と離婚（経験者の語り）
　両親が揃っているのが、子どもにとって理想だよね。でも仕事や様々な理由で夫婦が衝突して、別れてしまう。悲しいことだよね。子どもができると子どものことが最優先になってしまう。だから、喧嘩をたくさんした。夫婦のどちらかが話の聞き役にならなくてはいけない。話し合えればいいけど、それができなかったから別れた。
　幸いうちの子どもは適応した。別れても、子どもとのコミュニケーションは維持することが大切。また、子どもが父親、母親についてそれぞれのストーリー（生い立ちから、今はどうして別れたのかなど）を聞くのは重要。でも、今もお互いに尊敬し合っていると伝える。同様に、新しく異母、異父兄弟ができた場合も、それぞれのストーリーを聞き合い、尊重し合うこと、寛大さを教えている。
　子どもと別れても、「あなたのことを愛しているし、おばあちゃんも、おじさんも皆あなたを愛しているのよ」と伝えましょう。

⑩シングル・ペアレント（経験者の語り）
　孤独で責任があって毎日が戦い。ましてや若い親だと大変だ。でも、なんとか乗り越えられている。他の人と協力し合うのも一案だ。「私が○○

するから、その代り△△してくれる？」など。子どもに持病がある場合はより大変だ。だからこそ、自分自身のケアを忘れないで。息子には、私の兄がよいロールモデルになった。

⑪若い（主に10代の）親

　　＜経験者の談話＞
　10代で妊娠したが、思ったより親としてやっている。でも夫は、仲間が遊びに誘いに来ると、「あなたは家にいて子どもの世話をして」と私が言っても、結局出かけてしまう。その辺、「まだ夫は子どもだな」と思う。

コミュニティに「若い親プログラム」があり、アドバイザーがいる。

　　＜アドバイザーのコメント＞
　「世間には若い親だと間違った育児をしているという偏見があります。でも、このプログラムには誰も批判的な人はいないし、安心して仲間を作りに来てほしい。私自身も10代で母親になったから、有効なアドバイスができます」
　「若いママさんグループに参加している18歳の母親は、『保育園を使ったり、友人と会ったり、（勉強や就職トレーニングの）コースをとった』と言っていました」
　「祖父母もできるだけ、手伝っています」
　「何も一人ではできないのは、皆同じです」

⑫熟考
　数人の親が出演して、個人の育児観を自由に述べているものであった。

5. まとめ

現代は日本でもオーストラリアでも育児情報が過多で、初めて親になった人は、どの育児情報を信じてよいのか戸惑う。

このDVDのメリットはいくつかある。

第一に、政府が無料で初めて親になった人に配布することで、そうした人たちへの一応の指針になるということだ。もちろん、DVDを見ないという選択肢もあるし、見ても気に入らなかったら参考にしなくてもよい。冒頭で司会者も言っているように、この方法が全てではないけれども、参考になるのは確かだ。

第二に、親へ向けた内容が、ほぼ「親自身へのケア」とも言えるもので、育児が楽になる方法が満載であることだ。これは画期的で、親にとっては嬉しいものだろう。確かに、現地では人気の育児書の中や、保健師から「1日に最低30分は自分だけの時間を持ちましょう」と言われていた。そして、自分の好きなことや、楽しい空想にふけることが推奨される（例えば、今暖かいビーチリゾートに来ていると仮定して、何をしようか空想する）。「親がハッピーでないと、ハッピーな子育てはできず、子どももアンハッピーになる」——。これは何度も見聞きした言葉だが、政府から配布されたDVDでも同じ内容が紹介されると、安心するのだ。とにかく、夫、親、友人、隣人、保育施設など、自分以外の人を育児に巻き込み、自分も育児から離れてこまめに気分転換をしなさい、という明確なポリシーが伝えられる。この一見、楽な子育て法こそが、よい子育てにつながるのだ。

第三には、若い母親を大事にしている点である。60ページのポスターのような20歳以下の母親のサポートプログラムは各地にあり、政府の助成金もこれらのプログラムに出資されている。

さて、次ページの図2-1から分かるのは、以下のようなことだ。2014年に出産した人のうち、日豪両国とも30歳~34歳の女性が最も多く出産しており、次に25歳~29歳の女性、3番目に35歳〜39歳の女性が多い。しかし、オーストラリアのほうが全体的に出産時の年齢が少々若い。日本の30歳未満女性の割合は36.6%だが、オーストラリアではこの年代の割合は

第2章 政府が無料配布した育児DVD

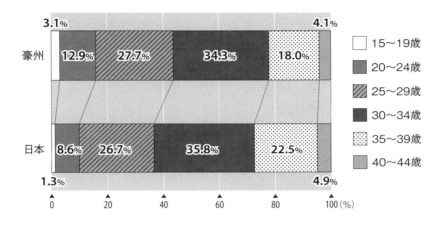

図2-1 母親の年齢別にみた出生数の割合 日豪比較 2014年
資料）厚労省「人口動態統計」2014年、及びABS, 3301.0 "Births, Australia, 2014"

43.7％である。特に25歳未満の母親が16％いるが、日本ではこの年代は9.9％である。このように、若い母親の人口は無視できない。彼女たちは2人目以降を出産する可能性が高いと考えられる。これらの若いママさんグループの集会には、政府からも助成金が出ていることからも分かるように、政府は彼女らを大切にしているようだ。

日本でも一時期「卵子の老化」が話題になったが、高齢出産のほうが妊娠率は下がり、また流産する確率も上昇する。日本では厚労省が不妊治療の公的助成制度は女性が42歳以下という制限を設け、さらに助成回数を最大10回から最大6回に減らし2016年度から実行している（日本経済新聞、2013年8月19日）。

少子化を本気で避けたいのであれば、若い母親を大切にすることは、国策として合っていると言えよう。なぜなら、今存在する子どもを大切にし、また今後も出産する可能性が高い若い母親を大切にしたほうが、効率的と思われるからだ。

若いママのプログラム

このプログラムは若いママさんと妊婦さんをサポートする地域の組織です。お互いの多様性と個性を尊重し合いながら、前向きな関係を作ることを目的としています。共に似た経験談などを語り合って、お互いに助け合いましょう。皆フレンドリーで、批判的な人はいません。ここで他の若いママと、情報を共有したり、子育てのヒントやサポートの受け方を分かち合い、お友達になりましょう。毎回違った楽しくてリラックスする活動があります。

★どこで？
ナンダー・コミュニティセンター
14 Station Street, Nundah

★いつ？
1週間おきの木曜日
午後1時〜3時（2週間に1回）

★誰が行っていいの？
最初の妊娠が19歳以下のママさんと月齢6ヶ月以上の第一子。

受けられるサービス
♡モーニングティーとランチ
♡子守りサービス
♡子どもの健康専門の看護師に相談
♡以上全て無料です。

連絡先
責任者2名の氏名、電話番号、ホームページ、メールアドレスが記載

日程	写真日記のテーマ	ママの活動	各種相談
2月12日	楽しい	Tシャツ作りと	子どもの食事と栄養
2月26日	カラフル	キャンドル作り	家計相談
3月12日	びっくり	写真フレーム作成	就職、再就学アドバイス

Young Parents Program (2012) オリジナルの文書をもとに日本語に訳して作成

参考文献
ABC News On Line
　　http://www.abc.net.au/news/2013-10-16/nrn-food-parcel-drought/5026478
　　（最終アクセス日　2016年2月24日）
Australian Bureau of Statistics (ABS), 2015, Births, Australia, 2014 Cat.no. 3301.0
　　Canberra: AGPS.
JAMS, TV, 2007年8月21日 http://jams.tv/Contents/news/view/7577
　　（最終アクセス日　2016年2月9日）
Young Parents Program（2012）
　　http://www.youngparentsprogram.org.au/documents/2015_YMG_sem_1_final.pdf
　　（最終アクセス日　2016年2月24日）

厚労省, 2014,「人口動態統計」
日本経済新聞　電子版　2013年8月19日
　　　http://www.nikkei.com/article/DGXNASDG1903S_Z10C13A8CR8000/

第3章　専業主婦のための保育園

1. 日本の保育園での一時預かり制度とそれをめぐる意見

　日本では、子育て支援は親のためにならないとも言われている。
　子育て支援として、母親たちの息抜きのために子どもを預かる役目の人々がいるが、こういった実務者からも、
　「どれだけ息抜きすれば気が済むんだ。いい加減にしてほしい」
　「自分勝手な親が増えて、子どもが可哀想だ」
　「育児は確かに大変だし、親が少しでも楽になればと思って支援しているが、最近の親は我慢をしなさすぎるのではないか」
　「支援はかえって親を甘やかすのではないか」
　といった声を耳にする。
　研究者からは、次のような声も聞かれる。
　「子育て支援をしても、出生率が上がらないではないか。何か根本が間違っているのではないか」（大日向、2009）
　また、支援するにしても限度をつけて、子育ての苦労を味わわせたほうが、喜びもひとしおになる（柏女、2008）という考えもある。
　しかし、そうだろうか？　専業主婦は育児ストレスが溜まりやすいし、また様々な用事のため、日本でも「一時預かり」を保育園で始めてはいる。筆者が参加している０歳児の母親の会では、
　「一時預かりを利用申請したが、実際に利用できるのは半年後だと言われがっかりしている。利用したいのはイライラしている今なのに！」
　という意見を複数回聞いた。
　この件を区役所の子育て支援課に伝えたが、「そうなんですよね。需要

と供給が全く釣り合わない状態です。予想をはるかに超える申込者があって……現状ではいたし方ない」という答えであった。佐藤安南の調査によると、乳幼児の母親の8割が、子どもと離れて自分の時間を持ちたいと考えているという。夫に子どもを預けてそれを実行する母親たちがいる一方、夫が仕事で疲労困憊している様子を見て、自ら「頼めない」とあきらめてしまう母親も多いらしい。これは、長引く不況による夫の長時間労働と、妻たちにもそれなりの勤務経験があるゆえの（夫の仕事への）理解が原因であるという。

「妻たちは夫を思いやるその『優しさ』ゆえに一層の孤独感に苛まれている」（佐藤、2009：p.46）。

大日向雅美は、子どもをいかなる理由でも預かる施設を作り、母親を育児から解放する時間を作ることを提唱し、東京都の港区で子育て広場「あい・ぽーと」を運営している。このような動きに筆者は賛成だ。子育てがある程度楽なほうが女性はより子どもを産みたがるのではないだろうか。つまり、子育て負担感が軽減されると、女性の出産意欲は高まるし、虐待も減るのではないかと考える。

2．オケージョナル・ケア

オケージョナル・ケアとは、専業主婦やパートタイムで働く主婦が比較的短時間、時々子どもを通わせることができる保育園である。日本には相当するものがなく、筆者は高く評価している。

入園対象者は、専業主婦（主夫）またはパートタイム・ワーカーの子どもであり、フルタイムで働いている、またはフルタイムの学生の母親の子どもは対象から除外している。フルタイムワーカー利用の保育園の多くが私立であるのに対し、オケージョナル・ケアの多くは公立である。

以下では、2002年に筆者が視察したチャッツウッド・オケージョナルケアセンターについて述べる。ここは非営利団体の地域（コミュニティ）運営の保育施設で、生後6週間から小学校入学前までの28名の子どもを

預かることができる。ただし、2歳以下の子どもは1日につき10名までと制限がある。開園時間は月曜日から金曜日までの週5日で、午前8時半～16時までであるが、後述するが、その間ずっと利用できるわけではない。園長と4人の保育士が交代で勤務し、筆者が訪問した日は園長と保育士1人であった。運営資金は、州政府のコミュニティ・サービス部門から年間47,000豪ドルの補助金と父母からの保育代金のみである。無給のボランティアはいないが、親のロスター制度がある（後述）。

オケージョナル・ケアの特徴
①利用しやすい

普通、保育園の場合、「なぜ保育園を利用するか」（母親が就労、就学、求職中、不在、入院、障碍者など）を聞かれたり、園によってはそれを証明する書類を要求されたりするが、ここでは不要である。利用と理由は無関係である。

園長の話では、実際は一番多いのは、ちょっとした用事（母親が通院、買い物に行くなど）のための利用ということだった。2番目は幼稚園への入学準備で、他の子どもとの集団生活に慣れさせるため、3番目は、「とにかく子どもから離れたい」とのことだった。

②異年齢保育

全ての子どもを年齢別に分けずに、一部屋で保育している。これは単に人数が少ないためであると思われる。

③利用制限がある

公共で安く価格設定しており、より多くの人に利用してもらうため、利用時間に制限がある。ここでは半日保育2種類、午前保育（8時半～12時半まで）もしくは午後保育（12時半～16時まで）と終日保育（8時半～16時まで）の3種類の時間帯があり、一人につき、午前か午後の半日保育なら週2回までか、一日保育なら週1回である。それ以上長く預けたい場合は別途個別相談に応じるが、園長によれば、そのような要望は親からめった

に聞かれないという。全て事前予約制であり、希望後2週間くらいで利用できる。最大でも1か月待ちとのことだ。

④親の保育当番がある

　日本で言うところの親の「お当番」制度があり、これをロスター（ROSTER）と言う。ロスターとは、ボランティアとほぼ同義語であるが、違いは自分自身や自分の身内がその行為の恩恵に関与する場合をロスターと言い、ボランティアは全くの他人のために無償労働をする場合を指す[1]。

　子どもを預ける親は、原則として一日につき2人ずつ、親がロスターとして働く。その頻度は、最も多く利用する親でも、月2回である。オーストラリアでは保育の資格がなくても有資格者の指導の下であれば、保育園で働くことはできる。ただし、「おむつ換え」と「乳幼児に食事やミルクを与える行為」は有資格者でなければできないので、ロスターはそれ以外の仕事をする（園の掃除、自分でトイレに行ける子に付き添う、絵本を読んであげる、など）。

　筆者が視察した日にも2人のロスターが参加していたが、有資格者の先生に比べると、積極的に働くというより、子どもたちを見守るといった感じの参加の仕方であった。これは、地域で運営していることから、親に一方的な利用者になるだけでなく、運営に参加もして欲しいという施設側の狙いが反映されたものであろう。

　ちなみに、ロスターとして保育に参加した日には、その人の子どもの保育料金が約20％から最大25％割引となる。園長は「どうしても嫌がる親には無理強いはしないが、この料金割引効果もあって大概の親は参加しており、ロスターのやりくりには困らない」と述べていた。

　運営資金は、州政府の家族コミュニティ・サービス局（Family and Community Services)から資金援助を受けている。他には親の見守り当番の参加を促して人件費を節約したり、バザーにあたるファンドレイジングのイベント（手作りのものや古着を売るなど）で収益を上げている。

オケージョナル・ケアセンターと一般の保育園との類似点と相違点

＊保育士（現在は「教育者」という[2]）対園児人数比：
　0歳〜2歳児1:4、2歳〜3歳児1:5、3歳〜5歳児　1：10
　これは全豪で統一された基準と一緒である（第7章参照）。

＊受け入れ園児の年齢制限：
　生後6週間の赤ちゃんから5歳児まで受け入れている点は、保育園が2歳児から受け入れている所が多いのに対し、より努力している。

＊開園時間：
　月曜日から金曜日の8時半〜16時と、少々短めである。保育園はだいたい8時〜18時まで開園している。

　やはり、専業主婦でも、ちょっとした用事や息抜きのために短時間でも子どもを預けられる施設は必要であると考える。そうすれば、精神的ゆとりが母親に生まれ、穏やかな態度で子どもに接することもできるであろう。したがって、オケージョナル・ケアセンターは専業主婦にとって非常に望ましい施設であると言えよう。さらに、どこも自治体やコミュニティが運

チャッツウッド・オケージョナル・ケアセンター　室内（HPより）

営していることに注目すべきである。チャッツウッドの施設はコミュニティ運営で州政府から運営資金をもらっているが、キャンベルタウンとライカートのオケージョナル・ケアは自治体による経営である。自治体がこのような事業にきちんと取り組んでいることは評価したい。

チャッツウッド・オケージョナル・ケアセンター　園庭（HPより）

ロスターの親たち

3. 市のスポーツ施設に付随する託児所

　筆者が居住していたウィロビー市（自治体）にはスポーツセンターがあり、複数の温水プールとジムがあり、そこに託児所（クレッシュ）が設置されていた。筆者は利用したことはないが、パンフレットをもらった。それによると、

> ＊預かる時間は１回につき90分まで。
> ＊その間、おむつの交換はしない。
> ＊預ける時間中に、食べ物や飲み物を与える場合は、記名したものを持参すること（そうすればスタッフが与えます）。
> ＊利用の予約は前日までにすること。

と、ユニークな条件であった。

　１回あたりの料金は無料か、日本円にして200円〜300円ぐらいだった記憶がある。おむつ交換をしないところを見ると、保育士（当時）の資格保持者はいないのであろう。温水プールは何回か利用したが、乳幼児も一緒に利用でき、子ども用プールもあった。生後６か月赤ちゃんから参加できる水泳教室もあるようだった。

　したがって、子どもと離れて水泳をしたい親や、ジムでのエクササイズのクラスなどに参加したい人が利用するのであろう。のぞいたことがあるが、いつも数名の幼児がケアラー監視のもとで遊んでいた。

　現在（2016年５月）のホームページを見ると、利用料金は、親がスポーツセンターのメンバーになれば無料のようだ。非メンバーも１回７ドルで利用でき、特に利用時間の制限はないようだ。

　さらに整備されていて、以前より長時間預けることもできるようになっていて、保育士（現在の「教育者」。第７章参照）もいるようだ。詳細は書かれていないが、一時預かりではあるものの、普通の保育施設と遜色はない。開園時間は次のとおりである。

月曜	8時30分〜12時30分	火曜	8時30分〜13時30分
水〜金曜	8時30分〜12時30分	土曜	8時〜11時30分

4. まとめ

　オーストラリアでは、「一時預かりが発達している」の一言につきると言えよう。歴史的に見ても（第4章参照）、子どもの権利と母親の権利に対する擁護の意識が相まって発達した国なので、母親が余暇を楽しむことも批判されないのだ。それどころか、自治体も積極的にサポートしている。育児に悩む母親にとっては、気分転換ができやすい環境にあると言えるだろう。

　「母親がハッピーでないとよい育児はできない」と何度も保健師に言われたが、彼らは無責任にそう言っているだけではない。実際に制度や施設が整備されているから、実現もされやすいのである。

　　追記
　　Chatswood Occasional Child Care Centre の 当時の園長である Ms. Denise Underwood にお世話になった。ここに謝意を表する。

注
1) New South Wales大学のJoan Scott先生と故Frances Lovejoy先生からの口頭説明による。
2) 第7章参照。

参考文献
Campbelltown.nsw.gov.
　http://www.campbelltown.nsw.gov.au/OccasionalCare
　（最終アクセス日　2016年1月29日）
Chatswood Occasional Care Centre.
　http://www.chatsocc.org.au/
　（最終アクセス日　2015年12月15日）

Leichardt.nsw.gov.
   http://www.leichhardt.nsw.gov.au/
   （最終アクセス日　2014年5月6日）
Willoughby Leisure Centre.
   http://www.willoughbyleisure.com.au/facilities/willoughby-leisure-centre/play-club/
   （最終アクセス日　2016年2月20日）
大日向雅美, 2005,『「子育て支援が親をダメにする」なんて言わせない』岩波書店.
柏女霊峰, 2008,『保育者の保護者支援』フレーベル館.
佐藤安南, 2009,「メディアからみた現代の子育て家庭」青木紀久代編『親のメンタルヘルス』ぎょうせい, 37-47.

dd
第4章　保育園をめぐる議論とその歴史

1. はじめに

　これまで見てきたように、母親指数が高く、合計特殊出生率も高いオーストラリアは、保育制度も充実している印象を与える。

　一方で、保育に関する世論などの広義の意味での保育環境は見えてこない。4歳児以下の幼児を抱える母親の就労率は1989年～1998年の10年間でも44％～49.3％の間でほぼ横ばいである（Department of Family and Community Services, 1999）。

　2013年では4歳児以下の子どもがいる場合、両親がいる家庭での母親の就労率は54％、シングルマザー家庭の場合は26％で、合わせると51％である（ABS, 2015）。しかも、共働きの場合の母親の就労形態は約7割がパートである（12ページ参照）。

　この事実から、幼児のいる女性の就労は、制度の充実では足りない何かが関与し、阻害されていると言えよう。その原因は複数存在するであろうが、その中でも主要因と考えられる「就労のために幼い子どもを保育園に入れる母親への批判」を取り上げてみたい。

　まずは、保育園に子どもを通わせるという行為が母性愛に欠けると批判されるという（Cox, 1995: Richards, 1997）。そのような批判が出てくるのには母性愛豊かな社会的背景があることが前提と考えられるが、オーストラリアにおいて母性にどのような歴史があるかを簡単にたどる。次に、保育園の支持をめぐっての主要3派の違いを明確にする。保育園反対派と支持

派、その中間的存在ともいえる人々、すなわち「保育園は良くないが、少人数で家庭的保育であるファミリー・デイケアに預けるなら良い」とするファミリー・デイケア支持派の3派である。

保育園反対派は園の批判の他に「両親ほど子どもの世話をよくする人物はいない」ことを論拠に掲げるが、果たしてそれは正しいのだろうか。また、中間派の勧めるファミリー・デイケアは、その労働条件や実態を考えると疑問点がある上、保育の質を決める最重要要因の一つである「親と保育士のコミュニケーション」においても問題が発生している。そして最後に保育園支持派の代表的意見を紹介し、保育園の長所を具体的に見ていきたい。

まとめとして、それでも現行の保育制度にはまだ問題点が存在していることを紹介し、それを今後の課題として少々検討する。

2. 用語説明

オーストラリアでは保育にはフォーマル・ケアとインフォーマル・ケアの2つがある。

フォーマル・ケア

連邦政府、州政府の管轄下にある保育のことで、ファミリー・デイケア、コミュニティベースのオケージョナル・ケアなど、私立保育園、親の職場経営の保育園のことを指す。

インフォーマル・ケア

政府の管轄外の私的保育。祖父母、親戚、兄姉、友人、隣人、そしてベビーシッターもここに含まれる（Brennan, 1998: 12, Healey, 1997:34）。

保育園

私立が多く、あるいはコミュニティが運営する。通常、8時～18時までの開園で、クリスマスの2週間を除いて通年開園し、生後6週間から義

務教育開始までの年齢の子どもを預かる。入所条件に優先順位はあるが、実際には専業主婦でも子どもを通わせて構わない。私立が多数なので、登園を希望する曜日に空きがあり、保育費を支払うことができればよいわけで、実際にそういう家庭もあった。入園の優先順位は、予約順に家庭の状況が鑑みられる。義務教育ではないので週5日通わせる必要はなく、週2日だけなど、多様な預け方が可能である。利用料金は2013年時点で、一日平均75豪ドル（5,925円。AMP, 2014）。給食つきか弁当持参か、おむつ持参か否か、特別な教育をしているか否か（モンテッソーリ教育、音楽教育、フランス語教育）など、それぞれの園で特徴があるが、基本は教育より世話が中心である。

ファミリー・デイケア（略称FDC）※日本の保育ママさんに相当

女性が自宅で他人の子どもを預かり保育する制度。年齢制限などは州によって異なる。大概は自分に小さな子どもがおり、自宅で子どもを育てると同時に、家でできる仕事で収入を得たい人が保育を行う。家庭的保育を望む親には向いている保育施設といえよう。通常、地域のコミュニティや教会、エスニック・コミュニティ（例：イタリア人会など）内にコーディネーターがいるので、預ける母親と保育者がある程度顔見知りであることが多い。コーディネーターは有資格者で、週に一度FDCを訪問し、保育指導および視察・監視する。

ナニー (Nanny)

本来は、一部の上層家庭で、社交に忙しい母親にかわって子どもの世話をしていたのであるが、最近では、共働き家庭でも利用されるようになった。住み込みの場合、個室、電話、テレビ、制服、新聞、できれば車も支給し、賃金も高い。単なる子守りというより、躾など教育的要素が強い。

オーペア（AuPair）

英語を学びに来た外国人の若い女性が小遣い程度の賃金で、家事や子守り、子どもの送迎をする（松村, 1993：45）。住み込みの場合が多い。

オケージョナル・ケア（Occasional Care）※臨時保育

主にコミュニティ運営による、専業主婦のための、ちょっとした用事（歯医者に行く、買い物に行くなど）や育児の息抜きをするなどの時に、子どもを預けられる施設。多くは親のボランティア活動（保育園での保育行為以外の手伝い。園内の掃除、子どもたちに本を読んであげるなど）が含まれており、なるべく多くの人に利用してもらうことを目的としているため、一人につき週2回まで、もしくは月に20時間までなどの利用時間の制限がある。

アウトオブホーム・ケア（Out-Of-Home Care）※家庭外保育

フォスターケア（里親）、両親ともに服役中、病気で入院中、その他虐待が発覚した場合など、両親によって育児ができない場合、一時的に施設や他の家庭で養育されること。養育家庭に州政府から手当てが出る。養子（adoption）との違いは、養子は法的手続きであるのに対して、里親はコミュニティベースのアレンジメントでしかない。期限があるのも特徴。

レスパイト・ケア(Respite Care) ※息抜き保育

本来は身体障碍者の子どもを持つ親に対して、健常な子の育児に比べて疲労しているであろうということへの配慮から、一時的に休憩をとってもらうという意味合いで設定されたコミュニティベースのケア制度。しかし、近年では幼児虐待の可能性が高いと見なされた親子や、シングルペアレントも利用可能となっている。

3. 保育園の略史

（デボラ・ブレンナンの著作"The Politics of Australian Child Care"及び授業より）

ベビーヘルスセンターの設立

19世紀後半からオーストラリアは、他国の脅威から自国を守るにはあ

まりに人口が少ないという軍事上の懸念があった。また乳幼児の高い死亡率が、ベビー・ヘルスセンターの設立へとつながった。これは各州によって名称は異なったが、内容は同一で、看護師が新米ママさんの自宅を訪問するか、母親が乳児を連れてセンターを訪問するといった形をとった。そこでは母乳育児が最も安全な育児方法として推奨された。こうして女性の役割は国家的重要事項となったが、これらは女性の権利というよりむしろ責任であった。

保育施設は当初は、裕福な夫人が行う慈善事業であった。また、子ど

レディー・ザラ・ゴウリー（Lady Zara Gowrie）　第十代総督夫人であり、幼児の福祉等に尽力した。1939年頃より保育施設を作った（National Library of Australia）

ものギャングなど、シドニー等の都会では子どもによる問題も起こっていた。そこで、無料幼稚園や学校にその子たちを入学させることで、治安の向上を図りたいという世論もあった。

クレッシュ（託児所）の開設

1880年南アデレードにクレッシュが開設された。メルボルンのキーレ・ストリートにもクレッシュ（託児所）ができた。ナーサリーも同様の施設で、生後15日の赤ちゃんから預かった。これらは母親の代わりをするものではなく、単に母親が仕事に行っている間、子どもの面倒を見るだけの施設だった（Walker, 1964）。

一方で、次第に女医や女性弁護士らが登場すると、子守を自宅に雇う経済力のある女性も現れた。彼女たちは女性や子ども向けのサービスの充実を社会に訴えた。

これら初期のクレッシュや幼稚園は主に都市部のスラム街の子どもを救うべく、慈善団体が運営するという共通点があった。しかし、当初から保

育の質に差があった。

　最初のクレッシュなどでは、全く訓練などを受けていないか、看護の経験がある人々が世話をしていた。一方、20世紀初期に出現した無料幼稚園では、教育を受けた教師がフレーベルの考えを基礎としたプログラムを子どもたちに提供していた。1939年にメルボルンに開設されたレディー・ゴウリー・センターが、政府の助成金を得て運営した最初の影響力の強い幼稚園であるが、後に分園を増やしていった。現在も存在し、南オーストラリア州はもとより、ニューサウスウェールズ州（以下、NSW州と略す）、クィーンズランド州、西オーストラリア州、タスマニア州に広がっている。クレッシュも幼稚園も利用できない女性は、私的な子守りを利用するしかなかった。

第二次世界大戦中の戦時保育所
　第二次世界大戦中に女性への注目度は高まった。女性は軍需工場で働くことが、（ベッティーナ・カス曰く）「愛国的義務」とされたからだ。

　1943年には連邦政府が出資した戦時保育所が数か所開所した。軍需産業で働く子どものいる女性のため、一日のうち12時間開園した。現在では、ほとんどの保育所の開所時間が、8時〜18時までの10時間なので、それより多いことになる。これはオーストラリアにおいて女性の就労と保育所の必要性を国が明示した最初の例である。

　しかし、終戦とともに国家のために未就学児発達協会によって運営された戦時保育所は閉鎖された。まだ多くの女性が就労していたにもかかわらず、である。それでも戦時中に既婚女性たちは私的領域から公共の領域に進出し、終戦後もオーストラリアでは既婚女性の就労率は増加し続けた。しかし、ローマ・カトリック教会は、男女の伝統的性役割を覆すことに否定的であり、したがって、保育園の増設や制度化には反対していた。また、今は多くの国民が英国国教会だが、当時の労働党の幹部にはカトリック教徒が多かった。このような事情もあり、保育園整備は必要性の割には遅々として進まなかった。

保育所とプリスクールの違いについて

　プリスクールとは、3歳〜4歳児が通う幼稚園に似た施設で、小学校への入学準備を行う教育的施設である。開園時間は9時〜15時で、4学期制なので夏休みなどの長期休暇がある。したがって、フルタイムで働く母親が子どもを入れるのには相応しくない。

　プリスクールは、古いものでは1890年代から設立され、1960年代までには、各州政府がプリスクールに経済的支援を行い始めていたが、保育園はまだ慈善事業に頼らざるを得なかった。

　労働党はもとからプリスクールは大変重要だと考えていた。それは子ども間で、生育環境に格差はあっても、せめて小学校は同じスタート地点に立たせてやりたいという思想からだった。それはアメリカのヘッド・スタートという教育制度[1]に影響を受けたものだった。

　1969年に国勢調査で初めて、幼い子どものいる女性の就労率が報告された。それによると、プリスクールに通う子どもがいる母親の22％が、そして小学生の子どもがいる母親の42％が就労していた。

　1960年代から70年代初頭の経済ブームで女性の労働力は必要であった。女性票を獲得するために、二大政党である労働党も自由党も子どもの保育サービスを公約に掲げた。ジョン・ゴートン首相時に保育所ネットワークを拡大させる案を発表した。それは「従業員のモラルの向上、女性従業員の欠勤率を減らし、最終的に生産性を上げる」のが目的であった。このようにして、女性の役割、保育、政策は深く絡みついていった。今度は国家にとっての女性の必要性は「健康な子どもを育てる」から「国家の繁栄に貢献する」に拡大した。

離婚の増加と保育法制定

　1970年代には別の意味でも変化があった。離婚、再婚の増加である。1975年の家族法改訂により、離婚が破綻主義になり、離婚しやすくなったのである（以前は有責主義離婚法[2]）。そして子どものいる女性の就労率は40％にも上った。幼稚園のソーシャルワーカーであるバーバラ・フィッ

シャー氏は次のように皮肉を書いている。

「幼稚園はかつては家族に福祉を提供していたが、今では子どもが感じているストレス（離婚、再婚また、両親共働き増加よる家庭環境の変化で生じるストレス）を癒す場所となった」

ところが、1972年に保育法（Child Care Act）が成立すると、連邦政府は保育園にも助成金を拠出するようになった。しかし、対象の保育園は限られており、①非営利団体が運営する、②園の形をとったもので、③長時間保育（朝から夕方まで）を行っているところであった。当時のこれらの保育所は働く親や病気の親のためのものであった。さらにこの法によって保育の有資格者の雇用が可能になった。ゴフ・ホイットラム労働党政権は初年度は6.5ミリオン豪ドル（当時のレートで換算すると約23.5億円、出典：Reserve Bank of Australia）相当額の出費をした。親が保育園運営に関わるか否かという議論は、プロ意識の表れから、かつても今もない。その代わり、この法の成立当初から、保育の質が重要視され、助成金も経験者の保育士を雇用することに使われた。

1973年の労働党会議では、地域の保育所は「女性が社会にもっと参加できるようにコミュニティが支えるべき」とした（Spearritt, 1979）。これにより、保育サービスの充実が図られる理由は、「子どものケアの必要性」から「女性の権利（擁護）」へと、大きく視点が転換されたのである。

全ての子どもに保育を

1974年、ウィットラム労働党政権の時に、保育サービスの「プログラム」が連邦政府の助成もあって成立した。マッキントッシュとフィリップスは、ここに大きな思想の転換点があったと言う。つまり子どものケアサービスは、親が就労中または病気である家庭の子どもだけでなく、<u>全ての子どもを対象としたことである</u>（McIntosh and Philips, 2002）（下線部は筆者）。この後、連邦政府の助成金はコミュニティ運営の保育園だけでなく、ファミリー・デイケアや小学生の放課後サービス（学童保育）、プレイグループにも出資されるようになっていった。

第4章　保育園をめぐる議論とその歴史　　81

エリザベス・リード（National Library of Australia）

エヴァ・コックス（記念切手と葉書より）

　この政府の保育支援思想の転換は当時力を付けてきた女性の政治ロビー団体、Women's Electoral Lobby（女性選挙ロビー、WEL）などの影響である。WELは、プリスクールに支払われていた政府の助成金を保育園の増設費に移し替えさせた。エヴァ・コックス、エリザベス・リード（ウィットラム政権時の政府の女性関連担当アドバイザー）、マリー・コールマンなどの活躍の賜物である。
　また、世界各国で保育園の「認証制度」を作成しようという気運に影響されて、オーストラリアもその流れに沿うようになった。1970年代に労働運動に女性が多く参加するようになり、やがて上手く女性の問題をその中に組み込んだ。中でも、クエンティン・ブライスは、保育業界からの利益追求のための激しい反対にあいながらも、保育園の基準設置に大いに貢献した（ちなみに、ブライスはオーストラリア初の女性総督で、2008年9月に就任し、2014年3月まで在任した）。

保育利用と女性労働者の権利確立
　70年代後半には、さらなる保育利用と女性の権利に関して発展があっ

クエンティン・ブライス
（Wikipediaより）

た。1つは、1977年の王立人間関係委員会の報告書で下記のように記述されたことだ。

「子どものケアの政策は、各個人にとって最も適したケアサービスを利用することは<u>全ての子どもと親にとって基本的人権に根ざすべきである</u>と見なす」（下線は筆者による）

2つ目は、1978年の出産休暇の導入である（しかし、長い間無給の休暇で有給になったのは2011年である）。

3つ目は、オーストラリア労働組合評議会の女性労働者憲章の成立である。

1980年代までに様々な団体が保育サービスの増強に向けて活動していた。例えば、ニューサウスウェールズ州の労働党女性委員会は特にファミリー・デイケアを増やすよう運動していた。

そんな中、1984年に女性の労働権を確認した公務員法の改正条例が、1986年にはアファーマティブ・アクション（共に連邦法）が制定された。このように、労働組合による女性の労働の権利の確立の面からも、保育政策は進んでいった。

4．オーストラリアにおける母性

1）略史

19世紀のオーストラリアでは、当時の他の国と同様に、親が子どもを愛情込めて育てる風習は庶民にはあまり見出せない。19世紀は医学や衛生面での発達が不十分であったため、死産、出産による母親の死亡、また新生児、乳幼児の死亡率も高かった。したがって、子どもの死は現在より日常的であり、モラルも低かった。死亡した乳幼児が新聞紙に包まれて街

角に放置される光景も、そう珍しいものではなかった（Brennnan, 1998: 24）。

　また、ベビーファーマーというイギリスの労働者階級の悪しき制度がオーストラリアにも持ち込まれていた。ベビーファーマーとは、自称「やさしい女性」などが、自宅で他人の子どもを料金前払い制で預かり育て、基本的には子どもが就労可能な年齢（14～15歳）になったら親に返すという民間で発生した制度である。オーストラリアの場合、利用者は主に未婚の母や労働者階級であった。

　イギリスでは悲惨な事件が発覚したのをきっかけに衰退していったのと同様、オーストラリアでもシドニーのベビーファーマーであるジョン・マーキンとその妻サラが、多数の預かった子どもを殺害し、裏庭に埋めていた1894年の事件発覚をもって衰退の一途をたどった（Gilding, 1991: 86）。

　このように、庶民の親達は生活苦から「いかに子育てに手間隙かけずに子どもを労働力にするか」ということに関心が向いていたと言えよう。

　20世紀になって医学が進歩してきても親中心主義は変わらなかった。騒ぐ子どもを静かにさせるために薬を飲ませることは常識とされ、その中には子どもに有害な物質であるモルヒネやクロロホルムが含まれているものさえあった（Gilding, 1991: 83）。

　当時広く読まれていた王立母子福祉協会の育児指導のリーフレット"Don'ts For Babies"や州政府発行の"How To Feed Baby"（NSW Department of Public Instruction:1914）には「赤ちゃんにミルクを与えるタイミングは3時間おき」など、親が時間で決め、現在勧められている方法である「赤ちゃんが欲しがった時に与える」方針は禁止されていた（Kociumbas, 1997: 135）。

　また、母親が週末は自分の休息日と決め、子育てを一切せず、代わりに年長の子どもたちが年下の妹、弟たちの世話をする習慣も存在した。

　言うまでもなく、上流階級の母親はナニーを雇い、自ら育児をすることは少なかった。

　このように、子育ては子どもへの愛情からなされるものではなく、母親

の都合中心主義にもとづくものであった。

　一方で、女医のマーガレット・ハーパーらの尽力で、1914年よりベビー・ヘルスセンターが設立されていった。当時の社会では、

　「母性とは、まじめな母親が専門家（幼稚園の先生や福祉の専門家や看護師ら）の訪問によって家庭で育まれるもの」という認識であった。

　つまり、母性とは、女性が生まれながらに持っているものでも、出産して自然と身につくものでもなく、専門家から教え込まれるものという認識であった。

　さらに医学、衛生、栄養面が向上すると少子化が始まり、母親たちは子どもを大切に育てるようになる。保健所での育児指導も始まり、子どもの年齢による成長基準（身長、体重）も設定されると、母性の競争とも言えるBaby Show (1934年ケンプシーにて開催)といった催し物に見られるように「母親がいかに自分の子どもを健康的に育てているか」を競うようになった(Ohlsson & Duffy, 1999: 18)。これは愛情というより母親自身の見栄のためと見られる。

　イギリスやヨーロッパの国々では、親の勤務先が保育所を併設したが、オーストラリアではこのような動きは見られなかった。

　1920年代になると、低所得層の親のために幼稚園や保育園に政府が援助すべきではないかという議論が生じてきた。少なくとも、主要な州であるビクトリア州とNSW州では、幼稚園への援助は積極的だったが、保育園への援助は重要視されなかった。それは当時蔓延していた「子どもを保育園に入れると、母親と子どもの絆があやぶまれる」という風説によるものであった。

　同時に20年代から30年代は出生率の低下、労働者階級の特に母子家庭の母親と子どもの貧弱な健康状態が、国の重要課題となって浮上してきた。

　例えば、1930年の南オーストラリア州教育局の調査では約15％の子どもが栄養不良であった。同時期の保育園児の健康状態調査では、はしか、百日咳、水疱瘡、しょう紅熱が報告されており、さらには胃腸炎や肺炎でも園児が死亡していた。不況の間、幼稚園では「食事と睡眠」が組み込ま

れ、児童が少なくとも一日一食はまともな食事が取れるようにとの配慮であった。パンとココア、サラダやフルーツなどであったが、これを始めてから児童の体重増加が認められた。

同様に1930年の歯科検診でも、正常と判定された幼稚園児は5％にも満たなかった。このような惨状を受けて政府は10万ポンドの予算を公衆衛生、特に女性と子どもに割いた。

第二次世界大戦中は男性は戦地に駆り出され、他の国と同様女性が就労した。既婚女性の就労も上昇し、全女性就労者中に占める割合は1933年11％であったが、1943年には25％にもなった。イギリス、アメリカでは戦時中の母親の就労によって子どもの預け先である保育園は激増した。

これとは対照的にオーストラリアでは、あくまでも伝統的な家族役割分担（父親が働き、母親が家事・育児をする）を支持するカトリック教会の反発などもあり、英米のような事態は起きなかった。

1942年、出生率の低下を危惧して国立保健研究議会が設立され、ダンカンを議長とする委員会では家事、育児の援助と幼児と母親の福祉サービスの充実を提唱した。

幼稚園と保育園、子守りサービスの拡充は、女性の社会進出というより「母親が日常生活で余暇に買い物、日帰り観光、若夫婦においては映画鑑賞やダンスに行けるようにし、母親が一息つけるよう」(Joint Parliamentary Committee on Social Security, 1945-6: 1208) にし、最終的にはより多くの子どもを産んでもらうことを目論んだものであった。この考え方は今日にも生きていると言える。

1940年代から、幼稚園は主要都市で続々と設立されていった。終戦頃より「幼稚園はまともな母親のまともな子どもたちの教育機関であるが、保育園は乳幼児を長時間預かる施設なので推薦できない」という幼児教育の専門家たちの主張が始まることとなる。保育園批判の議論については後述する（88ページ）。

2）現代：母親たちと多様なジレンマ

男女共同参画の進歩と経済的必要性から、既婚女性の就労率は進んだ。

しかし、これらの実情と人々の態度は必ずしも一致しない。夫婦とも働かなければ家を買えない経済事情があることには人々は同情的だが、依然として幼い子どもを保育園に預けて働く母親への社会からの非難は存在する。この批判に何も対策がないのが問題だとする意見は多い（Cox, 1995）。

多くの人は「妻も男性と同様働くべき」とは考えず、「子どもが全員小学校に就学した時」が妻の再就労に適した時期と考えているからである（Richards, 1997: 175）。

このように必要性と批判との間で母親たちはジレンマを感じている。

また、今と昔の時代との齟齬による母親たちのジレンマも3種類あるという。

1つは、自分自身は専業主婦の母親に自宅で育てられたが、子どもを保育園に預けてよいものか、ということ。

2つ目は、手作り離乳食でなく瓶詰めのベビーフードや、使い捨て紙おむつを実際には使っているが、この利便性への懐疑。

最後に、子どもの数について、子どものためには兄弟姉妹が多いほうがよいという考えとは裏腹に産児制限をしていること（Maushart, 1997: 13）。

このように、今、母親の世代が持っている「よい母親」のイメージが一昔前のもので、それにとらわれているのだ。母親たちは、子育ては本来手間のかかるものではないのかという懐疑に起因する罪悪感に悩んでいる。また、80年代からは、出産後に仕事を辞め家庭に入る選択をした場合も、昔のような「ただ家にいる母親」は意味がないと考えられ、教育活動に力を入れるなら、母親が仕事を辞めることにも意味があると考えられるようになった（Richards, 1997: 168）。

しかし、全ての母親がジレンマを感じているわけではなく、感じるかどうかは社会階層の違いにもよる。Betsy Wearingの"Ideology of Motherhood"という本は、数少ないオーストラリアの現代の母性を研究したものとして大変興味深いのだが、シドニーの典型的中流階級居住区である北部の母親とワーキングクラスの居住区Mt.Druittの母親とを比較している。

思想の面では、ワーキングクラスの母親は圧倒的に伝統的で、現実の経済的必要性とは裏腹に専業主婦志向である。「家族のために尽くしたい」

などが人生目標で、自分のことを疑うこともなく「よい母親だ」と考えており、理由は「家にいる母親（専業主婦）だから」であった。

　一方、北部の中流階級母親は、教師や医師など、プロフェッショナルな職業に就いており、自分のアイデンティティのうち、半分が職業で、「母親であること」は残りの半分しか占めていない。よい母親かどうかについては自分自身についても、また他の母親についても懐疑的で「よい母親の定義」は「子どものためによいと思うこと（よい教育など）をさせてあげる親」ではないかと考えている。つまり、ある程度の経済力が伴うもの（家庭もしくは母親自身に）だと捉えている（Wearing, 1984）。

　また、リン・リチャーズの調査では、新しい「よい母親の定義」が出現しているという。

　それによると、母親が働くことで自分自身の気分転換ができるので精神的によい（正気でいられる）上、収入があるので、より質の高い保育をしてくれるプロフェッショナルな保育園に入れられる。つまり、よりよい環境を子どもに与えられるのが、よい母親だという (Richards, 1997)。

　しかし、この「子どものために早期教育を」という親たちの熱意に対して、小児科医クリストファー・グリーンは警鐘を鳴らす。というのは、90年代以降の親たちは、子どもがただ単に遊んでいるのは好まず、習いごとをさせ、より秀でることを望んでいるからだ。シドニーの高級住宅地であるエリザベス・ベイでは、子どもが週に５つのお稽古ごとでスケジュールが埋まっているのは珍しいことではないという。

　しかし、子どもたちは過密スケジュールや過労、また親から期待されるプレッシャー故に生じてきていると考えられているＡＤＨＤ（Attention Deficit Hyperactivity Disorder, 注意欠陥多動性障害）は増加傾向にある。「子どもというのは決して高価なおもちゃを欲しがっているのではなく、親を必要としているのです」と言う（Loane, 1998）。

　以上、見てきたように、オーストラリアでは過去においては母性愛豊かな社会背景は見られない。一方、現代では母親たちは様々な意見に翻弄され、ジレンマを抱えている。

5. 保育園批判派の主張

　保育園を批判する人々は以前から存在はしたが、目立った存在ではなかった。しかし、1974年に Australian Pre-Schools Committee の出版物 Care and Education of Young Children（1974、別名フライ・レポート）が世に出ると、これは保育園を批判した報告書ではないのだが、幼稚園とファミリー・デイケアを推薦したことから、保育園の是非について、幅広く意見が出てくるようになった。

1）保育園経験の子どもへの影響

　一部の小児科医、小児精神科医、ＡＦＡ（Australian Family Association）などが積極的に反対意見を述べているが、もちろん、一般の人々でも反対する意見の持ち主は多いと考えられる。

　他の国と同様、イギリスの精神科医ボウルビーやアメリカの小児科医スポックの与えた母親の愛着理論の影響はオーストラリアでも甚大であった。

　ボウルビーは第二次世界大戦での戦争孤児たちの精神状態の調査をＷＨＯ（世界保健機関）より依頼され、数か国の孤児院にて調査した。その結果、子どもは生後3年間は一人の大人（大概は母親）との愛着が大切で、それが子どものその後の人間関係を築く能力と関係があると述べた（外林ほか、1981）。彼の理論は拡大解釈されやすく、安直なワーキングマザー批判へとつながった。しかし、状況が全く異なる平時のワーキングマザーへの応用は不適切である。

　また、オーストラリア独自の批判の論拠としては、アメリカの心理学者ハーローによるものがある。彼は猿の母子を分離して育てて実験し、その結果、子猿が攻撃的で利己的な性質になったと発表した（外林ほか、1981）。

　シドニーの小児科医イスビスターはこの結果を利用し、「保育園を利用する母親はハーローの猿と一緒だ」「子どもを保育園に入れているワーキングマザーは　母親とは言えない」と批判した（Brennan, 1998: 104-105）。

　しかし、猿の結果を人間にそのまま応用するのは疑問である。これらは、子どもにとって保育園経験が将来ネガティブな影響を及ぼすのでは、

との心配に起因するものであった。

2）保育士への不信感

　保育士という職業への不信感から反対する人々も存在する。

　小児精神科医ピーター・クックとその娘ジェニー・カレン（教師で環境保護活動家）は「保育士のように低賃金で社会的地位も低く肉体的にきつい職業を一生懸命こなす人はそうはいない」(Cullen, 1997) と断言する。確かに保育園の保育士の平均就労回転率は高く、2年間で85％の人が入れ替わる（Loane, 1997）。

　ファミリー・デイケアラーなら定着するかというと、そうでもない。この問題は、保育士の就労回転率が高いと子どもと愛着が生まれにくいので重要な問題だが、オーチルトリーの研究によると、給料と関係していると言う。つまり、親が支払う保育料金が高い保育園は一般に保育士の給料も高く、離職率は低いという。

　さらに、このような保育園は、子どもの年齢に適した保育をしている (Ochiltree, 1994: 37)。

　これらを考慮に入れると、やはり「高級な保育園に通わせるのがよい母親だ」という新しい「よい母親」の定義もあながち外れてはいない。

3）他国のデータに論拠を求める

　オーストラリア家族協会（Australian Family Association）のミューレンベルグは、保育園批判の論拠をスウェーデンやアメリカ、国連、カナダの保育園など、オーストラリア以外の国のネガティブな結果の出たリサーチに求めている。

　これは、オーストラリア国内で支持を集めているオーチルトリーらの「保育園経験はネガティブな影響を与えない」という結果があるからであろう (Muehlenberg, 2001: 19)。

4）「両親ほど子どもの世話をよくする人物はいない」

　前述のミューレンベルグも精神科医ピーター・クックとその娘ジェ

ニー・カレンも同じ論拠である（Muehlenberg, 2001: 19, Cullen, 1997）。

　しかし、これは親というものを過剰評価、楽観視している。つまり、「親が善良な人でよい育児をしてくれる」ということが前提になっている。しかし、これでは虐待する親の存在を説明できない。親が子どもを虐待する証拠は1989年国連で採択された子どもの権利条約にも見出せる。オーストラリアは1990年12月に批准したが（日本は1994年4月）、これは全54条、そのうちの第19条で親による虐待、放任、搾取からの保護が定められている。

　フェミニストのコックスは、保育を受けることは、不利な家庭環境にいる子どもにとっては、むしろ権利であるという。なぜなら、子どもを保育園に入れることで親も休息をとれるので、精神的余裕が生まれる。そうすれば、親が子どもを虐待するのを防げるので、子どもにとっては身を守れることになるという（Loane, 1997: 113）。

　このように、幼児虐待という視点から考えると、保育は子どものためになっていると言える。

　もちろん、全ての母親が虐待をするわけではない。調査によって、オーストラリアにおける虐待する母親の特徴は明らかになりつつある。

　虐待の主要因は低所得、高い育児ストレス（社会からも親戚友人から子育ての支援、相談や預けることができない）、夫との不仲などで、要するにストレスの多い母親が虐待する可能性が高いようだ（O'Brien, 2001）。しかし、低所得は単独では原因となり得ないようだ。シドニー西部の低所得者層調査では虐待する母親とそうでない母親と二分されており、虐待する母親たちの特徴は、育児に関して誰からもサポートが得られず、友人のネットワークなども築いていない孤独な人たちであった（Tomison & Tucci, 1997）。

　しかし、母親たちが虐待をする危険性を低くする方法がある。それは障碍者の子どものいる家庭で大変成功している「レスパイト（息抜き）ケア」である。これは最近では虐待の可能性が高いと考えられる家庭にも利用範囲を広げており、子どもを預けることがストレス軽減に大いに役立っている。そのプロセスは、ストレス過多の母親が子どもを預けている間に、自分でストレスへの対処方法を見出せるようになってきているという

(Szwa, 1993)。

　また、虐待にまで発展しない場合でも、精神的に病む母親も出現しているという。ジェニー・フィリップス曰く、これは母親が仕事を辞め、育児に専念することによって起こり、克服するには子どもを夫や誰かに預けて仕事に就くことだという（Phillips, 1985）。出産前にほとんどの女性が就労し、仕事の楽しさを経験した後での育児専念はつらいものでもある。育児は家で母親一人でする上、同じ世話の繰り返しで忍耐を強いられる。

　さらに、母親が気分転換に子どもと一緒に外出しようとしても子どもの体調は変化しやすいので、予定がたてられないなどの短所がある。ゆえに夫の協力や周囲の誰かの援助がないとすれば、母親が精神的に病んでも、また虐待に走ったとしても理解できなくはない。

6. 中間派（ファミリー・デイケア推薦派）の主張

　中間派とも言うべき人々の意見は次のようになる。

　彼らは、子どもを保育園など人数の多い施設に預けるのは望ましくないと考えている。しかし、母親の就労は支持し、何らかの保育施設は必要だと考えてもいる。そこで、少人数で家庭的雰囲気の保育施設であれば、支持するというのだ。

　始まりは、ニュージーランド・オーストラリア精神科医連盟がファミリー・デイケア（以下、FDCと略す）を推薦したことであろう。その理由は、「子どもを預けるにせよ、大規模な保育園より、少人数で家庭的雰囲気のほうが望ましいから」であった。

　フェミニストのエリザベス・リードもFDC支持派であるが、支持する理由が異なる。彼女は、ワーキングマザーの増加のために保育施設は数量が必要だから、簡易に開設できるFDCが、急増するであろう保育希望児童に対応できるという（Brennan, 1998: 134）。

　一方、フェミニストでオーストリアからの移民でユダヤ人であるエヴァ・コックスは保育園には賛成派だが、FDCに関しては反対派だ。コックスはマイノリティーの女性を代弁して「中流階級女性が社会進出す

るために、労働者階級の女性が低賃金で、その代わりに育児をさせられて搾取されている」という（Cox & Baker, 1975:38）。

しかし、これはコックスの誤解であると言えよう。自宅でできる仕事で、ＦＤＣは賃金的にはそれほど低くない仕事だからだ。ただし、後に述べるが、時間の面では搾取と言えなくもない。

1）ファミリー・デイケア（FDC）制度上の問題

長年、ファミリー・デイケアの最大の問題点は、政府管轄下にありながら、資格が要らないことだった。さらに、有資格者であるファミリー・デイケア・コーディネーターが指導に来るのは週一度だけだという問題もある。

にもかかわらず、保育者一人あたりが担当する子どもの制限枠は保育園とほぼ同じなのである。

例えば、ＮＳＷ州の場合の保育園での人数比（保育士：子ども）を見てみると、0歳〜2歳未満児が1：5、2歳〜3歳未満児が1：8、3歳〜6歳未満児は1：10であった（NSW Government Information Service, 1998）。

しかし、2016年からはファミリー・デイケアの規制が厳しくなった。預かることができる人数比は、保育士1人に対して子ども7人（ただし、保育士の自宅に居住する自身の子ども（13歳未満）を含む）。プリスクール児童やそれ未満の乳幼児は4人以下であること（Australian Children's Education & Care Quality Authority, 2016）となっている。

また、ファミリー・デイケアの保育士は最低限、「保育のCertificate Ⅲ」という資格を持っていることが条件である。

他に、「子どもと働く許可証」（Working with Children Check）（第7章参照）、応急処置、ぜんそくの対応、アナフィラキシーショックへの対応ができることが必須である（Family Day Care Australia, 2016）。

保育園は常時複数の先生がいるので、緊急時や、虐待が疑われる場合に、先生同士が監視できるという意味でもより信頼性が高い。

以上のことから、ファミリー・デイケアの保育の質は、均一化されておらず、ばらつきがあると言えそうだ。

2）ファミリー・デイケアラーと母親とのコミュニケーションの問題

　利用する母親がケアラーを軽視していると思われる行動が報告されている。例えば、子どもを迎えに来ない、支払いが遅れる、急に保育時間の延長を頼むなどである。一方、ファミリー・デイケアラー側も「私たちこそ子どもの本当の母親だ」という態度で客である母親を批判し、双方の険悪な関係も報告されている。本来、コーディネーターはケアラーの相談にのって、事態の改善を図るべき者なのだが、廃業（辞めること）を見越して次の候補者探しに、いつも忙しいというのが実情である（Brennan, 1998: 137）。

他の国でも問題を抱えている事例

　名称こそ違うが、他の国でもファミリー・デイケアと同類の保育は存在する。以下のように、いずれも困難を抱えている。

アメリカ

　ケアラー側は、母親を母性や愛情に欠けた女性だと考えている。また、「もっとその子の背景を知りたい」ので、母親とより多くの会話を望んでいる。

　一方、母親たちは必要以上にプライベートなことは話したくない。また、「下手に仲良くなると、クレームをつける時に言いにくくなる」と考えている（Nelson, 1989）。

イギリス

　チャイルドマインダー（自治体が管理する保育ママ）は、1980年頃、改革があり、政府が助成金を投入し、国家職業資格に格上げしたり、意識改革が推進されるなど、マインダーの質の向上が図られた。しかし、その後でもマインダーが依然として低学歴の女性（2/3が15歳以下で教育を修了）であるのに対し、利用者の母親は専門職や管理職で、事務職などに比べ、早く仕事に復帰する必要性が高い。

　早く復帰するということは、当然、子どもの年齢は幼い。が、1歳未満

の乳児を受け入れる保育園の数は限られている。金銭、時間、子育て観に意見の相違が見られ、摩擦の主要因となっている（畠中、2001）。

　以上のことから、ファミリー・デイケアの仕事が、情緒的な色彩の濃い仕事であることが分かる。子ども自身が言語能力の発達段階にあるので、コミュニケーション相手は親が対象である。したがって、親と保育士の仲が良好でないと保育の質にかかわることにもなる。
　しかし、どの国でも、利用する母親がキャリア志向の女性である一方、ケアラー側は保育の資格すら持っていない女性で、同じ女性で母親であっても、社会階層は異なるようだ。
　そして、このことに由来する大きな価値観の相違が両者間には存在するため、良好な関係を築くのは大変難しくなっていると言えよう。

3）ファミリー・デイケア（ＦＤＣ）が存続する理由
　以上、見てきたように、ＦＤＣは決して理想的な保育とは言えないにもかかわらず、40年間以上も存続し、保育利用者の約25％、220,850人の子どもが利用している（Australian Government, Department of Education and Training, 2015）。なぜだろうか。筆者が考える理由をいくつか紹介する。
　まずはフレキシブルな時間対応であろう。基本的には24時間対応可能で（24時間預けられるという意味ではない）、例えば、シフトワークで夜勤務の母親が夜に子どもを預けたいとなると、日中しか開園していない保育園では不可能だが、ＦＤＣなら個別契約なので対応可能である。同様に、残業が多い母親にも役立つと考えられる。
　第二に、2歳未満児の場合、保育園の受け入れ数が少ないという事実がある。2歳未満児を受け入れていない保育園は多く、受け入れているか否かは実際に問い合わせないと分からないことが多い。また、たとえ受け入れていたとしても、空きがない状態のことも多い。したがって、この場合、ＦＤＣで間に合わせ、保育園を予約して空きができるまで待つと考えられる。
　第三に、母親たちが保育士に望むものは、資格や保育知識よりも愛情や

理解であることだ。他には、近所であることや少人数の保育が望ましいと考えていることも挙げられる（Burns & Fegan, 1973）。

最後に、ケアラーは主婦であるので、日常の買い物や散歩などに子どもたちを連れて行く。こうした家庭的雰囲気を好む親もいるであろう。

7. 保育園支持派の主張

最も有名なものはオーチルトリーとエドガーの著作 "Today's Child Care, Tomorrow's Children！"（Ochiltree & Edgar, 1995）である。著者らは、オーストラリア家族学研究所で40年間に及ぶ保育園卒園者とそうでない人々を比較し、「保育園経験にはネガティブな影響はなかった」と結論づけた。保育園賛成というより、厳密には「保育園の否定的影響を否定」したのである。

医師でメルボルン大学の小児保健センター長であるオーバークレイド氏は、積極的に保育園を支持しているというよりは、保育園反対派を批判している。

保育園を批判する人の論拠の多くは個人的見解である。そもそも、保育園経験が園児の生涯においてネガティブな影響を受けるか否かなどという調査は、方法論的に不可能である。なぜなら、人間は「保育園に行ったか、幼稚園だったか」の経験だけに影響を受けているわけでなく、家族、学校、民族、宗教、地域など、様々な影響を複合的に受けているからだ。重要なのは、親による育児は「量より質」ということである。つまり、どのように子どもに接しているかが大切なのである（Oberkleid, 1996）。

サリー・レオーネの"Who Cares?"も保育園賛成派の書物と見なせる。彼女によると、保育園経験の影響を調べるため、調査者は小学校に入って保育園卒園児の行動を観察する場合が多いのだが、例えば自己主張ができる子を攻撃的な子ととらえるなど、表現の仕方にバイアスがかかっている調査者がいるという。また、一般に、小学校の教師たちは従順な生徒を好む傾向があるが、早くから社会化が行われている保育園卒園児は、大人びた応答をしたり、教師に対して試したりする傾向があるので、そのような

子どもを好まない。そして教師は、問題児（しばしば乱暴、暴力的な児童を問題視する）がいた場合、その児童が保育園出身者であれば、安易にその原因を保育園経験に帰する傾向があるという。しかし、その児童をとりまくより多義的な要因、例えば家庭環境（家庭内暴力、親の離婚、再婚など）、社会環境（マスコミによる暴力シーンの映像など）を真剣に考えようとしないという（Loane, 1997）。

　一方、親の立場からは一般に支持されているが、学歴や出自により異なる傾向があるようだ。

　例えば、シドニーの夫婦を対象にした調査では「女性に幼い子どもがいても外で働けるように、よい保育園を作るべきですか？」という質問に、約9割の男女が同意している(Bittman & Lovejoy, 1993)。また、NSW州の女性560名を対象にした調査では、「子どもを保育園に入れて働く女性」を支持する人の特性が顕わになった。これによると、若く、ホワイトカラーの仕事に就き、大学卒の人は支持し、一方、中高年でブルーカラー系の仕事に就き、高卒以下の学歴の人々は不支持だった。また、非英語圏出身者は支持しない傾向があった（Cox, 1995）。

8. 保育園の長所

　いかに保育園がよいかという観点からの報告は少ないので、筆者の4か所の保育園利用経験に基づいて、いくつか紹介したい。

a. 園から親へ文書で伝達

　News Letter（園から親への手紙）が定期的に発行され、昼間の園の様子（今月の歌、お遊戯、本）がよく分かる。また、伝染病（はしか、水疱瘡等）の流行時には園の入り口付近に張り紙をして注意を呼びかけている。個別の子どもの発育状況についてのレポートも、年に一度位配布され、仲がよい友人の名前のほか、好きな遊び、保育園で担当している「お当番」、当人の行動面の評価（例えば空間認識面では優れているが、グループワークでのリーダーシップ面が劣るなど）が詳しく書かれている。

b. 危機管理

　自主的な避難訓練の他、消防車やパトカーも呼び、本物の消防士、警察官から注意を促す話を子どもにしてもらっている。FDCと異なり、遠足など、園以外に行く時は必ず文書で事前に親の承諾を得るので、心構えもできる。

c. 衛生

　おむつ換えの基準があり、一人換えるごとに交換台も保育士の手も消毒しなくてはならない（ただし、使い捨てのゴム手袋で代用しても構わないので、多くの場合こちらが使われる）。このように衛生面での管理も徹底している。

d. 食事

　保育園の認可基準ではキッチンに関しても衛生基準があるが、さらにはオープンキッチンがある場合もあり、専任の調理師を雇い、調理の過程を子どもにも親にも見せており、信頼できる。

e. 玩具

　子どもが遊べる玩具も多数ある。多くは倉庫に保管されていて、子どもが飽きないよう、ローテーション化されている。

f. 子どもが様々な経験ができるよう配慮している

　親が講師をつとめる飛び入り参加等を歓迎する。歯医者である父親が虫歯の話を紙芝居にして子どもに聞かせたり、楽器が得意な親が演奏を披露したりするなど、他にも様々な催しがあった。移動動物園があったり、ドラマー、バイオリニスト、マジシャンを呼んだり、「パジャマパーティーナイト」の設定で金曜の夜に遅くまで特別に保育し、両親が外食や観劇に行くよう促すイベントもあった。箸の使い方の練習として、中国レストランに昼食を食べに行くこともあった。

g. 親参加型

日本と異なり、親からの申し出や提案はたいてい受け入れられるので、親も参加に意欲的となる。

h. 子どもにとって刺激に満ちている

生徒数が多いので、気の合う友人も見つけやすい。グループでの遊びもできるので、子どもは楽しんでいる。

9. オーストラリア最大の保育園組織（ABC Learning）の顛末

近年起きた大きな保育園問題も触れておく。

オーストラリアは、保育園について民営化を進めた国ではあるが、それは基本的にコミュニティ（地域）ベースで非営利団体が運営するのが望ましいと考えられてきた。しかし、株式会社であるABC Learningが約20年間にわたり保育園を買収し続け、最盛期にはオーストラリアとニュージーランド、アメリカと合わせて1,200か所、約10万人の子どもを保育した。そしてそれは、全豪の保育園の数の約2割を占めた。2001年にシドニー株式市場に上場すると、同社の株価は5年で3倍以上に値上がりし、2006年の資本総額は26億豪ドルにも達した。

2008年には株価が暴落。経営不振の保育園も相当数あり、2008年11月6日に同社は経営破綻した。オーストラリア・チャイルドケア協会はその独占的な保育園経営を批判し、野党党首も経営不振が続きながら、早期に対策を講じなかった政府を批判した。ABC Learningが政治家たちとのつながりがあったために放置されていたことも、経営が破綻した一因であろう。

連邦政府はABC Learningに2回、合計5,600万ドルを経済措置として投入したが、経営破綻時にあった1,040園のうち、55か所は2008年末に閉鎖された。国が設立した非営利団体「チルドレン21」が、経営譲渡予定の241園が適正に自治体に売却されるよう監視し、720か所は自力で2009年は存続できると目されていた（臼田、2009）。その後の詳細は不明である。

10. 親の働き方の変化と保育園

近年では、親の働き方も多様化した。

例えば、1970年代には就労者の約10％だったパートタイムワーカーは、2012年時点では25％にまで増加している。契約社員、季節労働者、または必要が生じた時のみ呼び出される就労形態など、不安定な雇用も増えている。

また、正規雇用であっても残業の増加、週末の休日出勤も増えている。約25％の人が休日出勤を余儀なくされており、今や月曜から金曜のみ働いている人は、就労人口の半分にも満たない（Watson et al., 2003）。

このような親の就労状況の不安定さや不規則性は、子どもにも「今日は何時にお迎えに来てくれるだろう」とか、「今日は誰が世話してくれるのだろう」という不安を与えている。同時に、週末でさえ親と一緒に過ごせない子も増加しているわけである（Brennan & Adamson, 2012）。

しかし、保育園は、子どもの権利を保護する観点から、その運営時間は8時〜18時を守っている。この点はオーストラリアの保育の特徴であり、原点でもあるから、今後も変わることはないであろう。

そう考えると、祖父母によるケアや時間の融通の利くファミリー・デイケア、または個人契約のベビーシッターの利用が多いのも納得できる。

11. 結論

1990年代までは、オーストラリアの働く母親たちは、母性愛豊かな文化背景が過去にほとんどないにもかかわらず、幼児を保育園に通わせることには、まだ社会からの批判が存在したり、多様な意見に翻弄されたりしていた。

保育園反対派の「親が最高のケアラー」という考えは時代にかかわらず、一定数の支持があるものだ。しかし、育児ノイローゼや虐待する母親の存在も無視できない事実である。

ファミリー・デイケアは、時間的フレキシビリティーや2歳未満児の受

け入れ先になること、また家庭的雰囲気を持っていることなどが好まれる理由であろうが、適切な料金の保育園が足りない間は存続するであろう。しかし、ファミリー・デイケアは親と保育士の間で感情面で大きな問題を抱えており、保育園の高品質な保育に比べると劣る。あるいは、危険な側面（大人一人で目がゆき届かないなど）すらある。

オケージョナル・ケア等、専業主婦が比較的安価で利用でき、信頼できる託児サービスが整っているオーストラリアは、一見、母親の権利を中心に考えているように見える。しかし、虐待、ノイローゼなどを考慮に入れると、やはり子どもの権利を中心に考えていると言えよう。

近年では、親の働き方もより多様になり、不規則な就労形態も増えているが、保育園は原則を貫き、子どもの権利を守るため、営業時間を変えることはないだろう。

保育園の多くが民営であるにもかかわらず、営利に走らないこのポリシーは称えられるべきものである。そして、多くの親が保育園だけに頼らず、祖父母の力も借りるほか、自己責任でベビーシッターを雇ったり、住み込みのオウペアーを利用したりしているのである。

初出：2007　拙著『女性進出の影で』「誰のための保育園？」PP.75-115を加筆修正。
また、情報収集において、シドニーのKonomi International Kindergartenの当時の小林園長ほか、先生方にお世話になった。ここに感謝の意を表したい。

注
1) 1965年から始まった制度で、貧困な子ども達に認知的、言語的、社会経済的、身体的発達を成し遂げる機会を教育を提供することによって社会的能力を促進し、できるだけ富裕層の子どもとのギャップを少なくすることが目的である。具体的には小学校入学前に教科書が読めるようになること、などリテラシーに重点が置かれている（片山、2009）。
2) 有責主義離婚法の下では、裁判所がどちらに婚姻破綻につき責任を有するかを確定する必要があったので、高額な離婚費用、長期にわたる訴訟期間及び人間の尊厳を損なうような事態を生じていた（小川、1996）。

参考文献

ABS. 2015, *Family Characteristics and Transitions, Australia 2012-13*. Cat. No. 4442.0 Canberra: AGPS

Australian Children's Education & Care Quality Authority, 2016, http://acecqa.gov.au/Article.aspx?pid=806&preview=True
（最終アクセス日　2016年2月25日）

Australian Government, Department of Education and Training, 2015, *Early Childhood and Child Care in Summary*

Australian Mutual Provident Society (AMP), 2014, *Child Care: Affordability in Australia*

Bittman, Michael & Lovejoy, Frances, 1993, "Domestic Power: Negotiating an Unequal Division of Labour within a Framework of Equality" *Australia and New Zealand Journal of Sociology* Vol.29, No.3, pp. 302-321.

Brennan, Deborah, 1998, *The Politics Of Australian Child Care: Philanthropy To Feminism And Beyond*, Revised edition, Cambridge: Cambridge University Press.

Brennan & Adamson, 2012, "Chapter 14. Early Childhood Education and Care Policy" *Children, Families and Communities* 4th Edition, Oxford university Press.

Burns & Fegan, 1973, *The Need For Child Care*, Sydney: Macquarie University.

Cox, Eva. 1995, "Motherhood And Sacred Cows" *Refractory Girl*, Issue 49.

Cox & Baker. 1975, "Possibility and Portents :Child Care in New South Wales" Papers from the Sydney Women's Commission, 1975 (qtd.) in Brennan. 1998. *The Politics Of Australian Child Care: Philanthropy To Feminism And Beyond*, Revised edition, Cambridge: Cambridge University Press.

Cullen, Jenny, 1997, "Infants in Child Care - Are There Real Risks?" *Sydney's Child*, July 1997. p.1.and p.22.

Department of Family and Community Services. 1999, *Child Care in Australia: An Update of Key statistics relating to the Commonwealth Childcare Program*, Ausinfo.

Family Day Care Australia
http://familydaycare.com.au/index.php/main/About%20Family%20Day%20Care#M39
（最終アクセス日　2016年2月1日）

Gilding, Michael, 1991, *The Making And Breaking Of The Australian Family*, Sydney: Allen & Unwin.

Healey, Kaye (ed.), 1997, *Child Care, Issues For The Nineties* Vol.69. The Spinney Press.

Joint Parliamentary Committee on Social Security, 1945-6, *Eighth Interim Report*, Commonwealth Parliamentary Papers, Vol. Ⅲ.

Kociumbas, Jan, 1997, *Australian Childhood: A History*, Sydney: Allen & Unwin.

Loane, Sally, 1997, *Who Cares?*, Kew, Victoria: Mandarin.

Loane, Sally, 1998, "The Parent Trap" *The Sydney Morning Herald Magazine Good Weekend*, 11,4,1998, pp.14-18.

Maushart, Susan, 1997, *Mask of Motherhood*, Milsons Point, NSW: Random House.

McIntosh and Philips, 2002, *Historical Overview of Commonwealth Support/Policy*. E-Brief Parliament of Australia.

Muehlenberg, Bill, 2001, "Child Care Concerns" *The Australian Family*, March 2001 p.19.

Nelson, Margaret K., 1989, "Negotiating Care: Relationships Between Family Daycare Providers And Mothers" *Feminist Studies*, 15, No.1. pp.7-33.

NSW Government Information Service, 1998, *Centre Based and Mobile Child Care Services Regulation*, No.2.

NSW Department of Public Instructions. 1914, *How To Feed Baby*. (qtd.) in Kociumbas, Jan. 1997, *Australian Childhood: A History*, Sydney: Allen & Unwin.

Oberklaid, Frank, 1996, "Why You Should Not Feel Guilty About Child Care" *Quality Time*, December 1996.

O'Brien, Jon. 2001, "Planned Respite Care: Hope For Families Under Pressure" *Australian Journal of Social Issues*, Vol.36 No.1, pp. 51-65.

Ochiltree, Gay, 1994, *Effects of Child Care on Young Children*, Melbourne: Australian Institute of Family Studies.

Ochiltree & Edgar, 1995, *Today's Child Care, Tomorrow's Children!*, Melbourne: Australian Institute of Family Studies.

Ohlsson & Duffy, 1999, *Women of Australia*, Sydney: Pan Macmillan.

Phillips, Jenny, 1985, *Mothers Matter, Too*, Nelson.

Reserve Bank of Australia (RBA)
http://www.rba.gov.au/statistics/historical-data.html#exchange-rates
(最終アクセス日 2016年2月25日)

Richards, Lyn, 1997, "The Ideology of the Family: Women, Family and Ideolgy in Three Australian Contexts" Hughes, K.P.(ed.) *Contemporary Australian Feminism 2* 2nd Edition, Longman.

Szwac, Barbara, 1993, *Respite Care in Focus: Review of Respite Foster Care Services*, National Children's Bureau of Australia.

Spearritt, 1979, "Child Care and Kindergartens in Australia, 1890-1975" in Langford and Sebastian eds, *Early Childhood Education and Care in Australia*, Australia International, Melbourne, 10-38.

Tomison, A & Tucci, J, 1997, *Emotional Abuse: The Hidden Form of Maltreatment* Australian Institute of Family Studies.

Walker, M., 1964, *The Development of Kindergartens in Australia* Med Thesis, Univer-

sity of Sydney.
Watson I. et al., 2003, *Fragmented Futures: New challenges in working life*, The Federation Press, Sydney, 2003.
Wearing, Betsy, 1984, *The Ideology of Motherhood*, George Allen & Unwin..

臼田明子, 2009,「第7章　オーストラリア」池本美香（編著）『子どもの放課後を考える：諸外国との比較でみる学童保育問題』勁草書房　124-140.
小川富之, 1996,「オーストラリアにおける離婚法の改革」『21世紀の民法』法学書院.
片山紀子, 2009,「NCLB法下に見るアメリカの幼児教育」『京都教育大学紀要』114, 63-75.
外林大作ほか編, 1981,『誠信　心理学辞典』誠信書房.
畠中宗一, 2001,『チャイルドマインダー（英国の家庭的保育が示唆するもの）』日本かいく社.
松村真木子, 1993,「イギリスにおける既婚就労女性の増加―ロンドン女性の意識と行動」日本家政学家族関係部会『家族関係学』12.

第5章　保育園

1. 家族状況

　オーストラリアの2012年～13年の1年間の調査では、0歳～14歳までの児童と、15歳～24歳の学生の子どもは5,629,000人、そのうちの約82％（4,618,000人）は両親と住んでおり、約18％はシングル・ペアレント家庭である。この比率は2006年頃からほぼ変化していない。

　両親と住んでいる子どものうち、約95％は両親のうち少なくとも1人は就労しており、その内訳は共働き家庭の子どもが65％で、31％が父親のみ働いており、4％は母親のみが働いている。両親と住んでいる子どものうち、5％は両親とも就労していない。シングル・ペアレントの家庭では、85％が母子家庭、15％が父子家庭であった。

　母親に関しては、共働きの家庭で約4割がフルタイムで就労しており、約6割がパートタイムワーカーである。子どもの年齢で見ると、4歳未満の幼児がいる共働き家庭の母親は31％がフルタイムで、69％がパートタイムワーカーである。子どもが5歳～9歳の母親でも34％がフルタイムで、66％がパートタイムワーカーである。10歳～14歳の母親でもフルタイムワーカーは42％で、子どもが15歳以上で初めてフルタイム52％と半数を超える（ABS, 2015a）。共働きの家でも多くの母親が恐らくは家事育児のため、パートタイムワーカーであるようだ（序章参照）。

　ファミリーデイケアは、週に9時間以下と短時間利用の子どもが25.9％いる一方、40時間以上の長時間利用の子どもも10.5％いる。保育園に比べ、多様な利用のされ方がされているようだ（図5-1）。

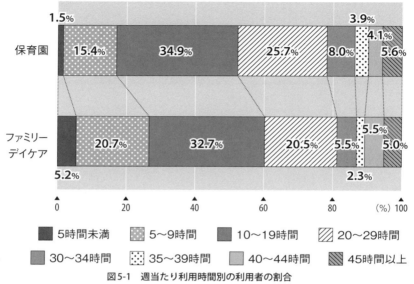

図5-1　週当たり利用時間別の利用者の割合
ABS, Child Education and Care, Australia, June 2014 (ABS, 2015c) より作成

2. 国家戦略

　The National Early Childhood Development Strategy という国家戦略がラッド労働党政権時の2009年7月2日、オーストラリア政府の審議会により発表された。

　ケイト・エリス幼児教育・保育・青少年大臣は次のような公式発表をした。

　「幼児教育及び保育の質の向上はラッド政権において優先課題であり、私たちは各州政府や各自治体と連携しながら改革を率先していく。……私たちは、子どもが5歳になるまでの時期に、その後の人生、健康、学習、社会性の発達などが方向付けられるということを知っている。そして、その未来を明るいものにしたい。ラッド政権は、幼児教育及び保育に4年間で約160億ドル（約1兆1,582億円、三菱東京UFJ銀行2009年豪ドル年間平均仲値、1豪ドル＝72.05円で算出）を費やしている。私たちは、家族が保育費

を賄えるように、育児給付金を増額し、政府の負担は30％から半額負担とした」（Australian Government, Department of Education, Employment and Workplace Relations, 2010）

　これは、子どもたちがその後の人生をよりよく過ごせる、よりよい国家を創ることを目指したもので、言わば、2020年までに全ての子どもたちが最高の人生のスタートを切れることを国が約束するものである。

　これによってプリスクール教育の義務化が始まり、プリスクールに通うか、保育園でプリスクール・プログラムを受けるかのどちらかを選択するようになった。内容は、読み書き計算能力を4歳〜5歳児に教える、認識力や心理的能力などを正式な教育や日々の遊びの中から教える、などである（Dowling & O'Malley, 2009）。

　現在、2014年のデータでは、4歳児の128,970人がプリスクールに通い、115,694人が保育園でプリスクール・プログラムを受けている。この年の4歳児は約303,400人であるから、約8割以上の子が4歳で受けていることになる。残りの2割の子は5歳で受ける予定と考えられる。

　ちなみに、5歳児では、プリスクールに通っている子どもは31,522人であり、20,774人は保育園でプリスクール・プログラムを受けている（ABS, 2015b）。

3．保育の質

保育士から教育者への呼称の変化

　この戦略により、それまで有資格の保育士は「アシスタント・コーディネーター」が正式名称だったが、「教育者(Educator)」と呼称が変更された[1]。教育者の資格も、具体的に「○●大学（固有名詞）で得た、△△という資格は■■州で（あるいは全豪で）使用できます」などと細かく規定された。この要件はオーストラリア国内のみならず、海外の教育機関にも及び、1,110種を数える。移民が多いことに配慮したものだろう。オーストラリア以外では、イギリス、ニュージーランドの学校で取得できる資格が多いが、数えたところ、日本を含め39か国の学校の資格が含まれていた。

ちなみに日本では22の学校の資格が認められているが、全てクィーンズランド州のみで使用可で、しかも2012年より前の取得者のみ有効、その人たちが他の州で働きたい場合は「全豪子どもの教育とケアの質庁」（Australian Children's Education & Care QualityAuthority）の審査が必要である。現在認められている資格は下記である。

* Early childhood teaching qualifications
* Diploma qualifications（日本の短期大学で取得する準学士に相当）
* Certificate Ⅲ qualifications
* Over preschool age qualifications（例. OSHC, school aged careなど）
* Family day care coordinator qualifications（クィーンズランド州のみ）
* 応急処置、緊急時ぜんそくとアナフィラキシーショック対応の資格

興味深い変化は、現在勉強中の人も「鋭意資格取得中」という資格になったことである。その条件は下記である。

1）そのコースの開始手続きが済んでいること。
2）そのコースで学び始めていること。
3）満足な成績を修めていること。
4）コースを継続するのに必要条件を満たしていること（例えば経済面など）。
5）Certificate Ⅲを持っているか、Certificate Ⅲの単位を取得したか、幼児教育の資格の30％を終了していること。

ただし、これはファミリー・デイケア・コーディネーターには適応されない（Australian Children's Education & Care QualityAuthority, 2016b）。

配置基準

保育の質にはこだわっており、教師の人数比と資格はAustralian Children's Education & Care QualityAuthorityという機関により厳格に決められている。2016年1月1日より下記の配置基準が施行されている。

> ＊全ての州で、誕生から2歳未満児までは4人に対し教育者1人。
> ＊2歳〜3歳未満児は5人に対して1人（ただし、ビクトリア州は4人に対して1人）。
> ＊3歳以上プリスクールに通う児童（おおむね4〜5歳児）まで10対1がNSW州、タスマニア州、西オーストラリア州、南オーストラリア州、11対1が首都特別地域（Australian Capital Territory: ACT）、北部準州、クィーンズランド州、ビクトリア州。
> ＊プリスクール以上の学童保育については、国では教育者配置基準を作成せず、各州政府に委ねられることとなった。
> （Australian Children's Education & Care QualityAuthority, 2016a）

ちなみに、日本では平成24年4月1日施行の児童福祉法第33条の2項で、下記のように定められている。

> ・0歳児はおおむね3人につき保育士1人。
> ・1歳〜3歳児未満の幼児はおおむね6人につき保育士1人。
> ・3歳〜4歳児未満の幼児はおおむね20人に対し保育士1人。
> ・4歳児以上の幼児はおおむね30人に対し保育士1人となっている。
>   ただし、保育園全体で常時保育士は2人以上いなければならない。
>   （上記は平成27年8月31日の最新の最低基準の改正でも変更なし）

4．保育園の特色

　保育園に関しては、日本が全体保育であるのに対し、オーストラリアでは個人個人で好きな活動をしており、それを保育士（教育者）が見守るという個別指導方法である。また、行事は少ない。しかし、遠足や移動動物園が保育園にやってきたり、パトカーや消防車が来園したりすることはある。

日豪両方の保育園を経験した筆者の娘は、「日本では協調性が、オーストラリアでは個性が尊重されていると感じた」と言っている。
　食事に関して日本との違いは、午前10時ごろに、モーニングティーの時間があることで、おやつのようにフルーツやビスケットと飲み物をとる。もちろん、昼食の他におやつの時間もある。
　ほとんどの園が8時～18時が開園時間であり、登園時間も筆者の経験では8時から11時くらいまでに登園し、帰りも早い子は15時くらいからお迎えが来て帰る。園はお迎えの大人に関しては厳しく、予め園に登録した人物にしか子どもを引き渡さない。例えば、離婚して子どもに面会権がない父親が、子どもに会いたくて迎えに来た場合は、園は子どもを渡さない。したがって、父母が離婚している場合は、特に誰に引き渡してよいのかを親権者に注意深く書かせている。また引き取り時間にも厳しく、18時に閉園なので、1分を過ぎるごとに何ドルの罰金などと、独自の罰則を設定している園が多い。
　延長保育はなく、18時ちょうどに閉園する。延長保育が必要な親は、①インフォーマル・ケアとのダブルケアか、②保育園よりも時間の融通が利くファミリー・デイケア（フォーマル・ケア）を利用するか、③保育園を利用せずに祖父母やベビーシッターなどのインフォーマル・ケアをフルタイムで利用していると思われる（序章、図5-1などを参照）。

入園の優先順位

第1位　深刻な幼児虐待や育児放棄にさらされている子ども。
第2位　1999年の新課税システム法の14条の「仕事・訓練・勉強条件（テスト）」を満たすひとり親家庭、または両親ともがこれを満たす家庭。
　　　　（補足：以前は両親ともに、あるいはひとり親の場合、その親が、「働いているか、就労のための訓練中か、学生であるか、求職中」の家庭であることという緩い条件があった）
第3位　その他の子ども。

さらに、各優先順位の中でも細分化された第2区分の優先順位がある。

＊アボリジナルまたはトレス・ストレート諸島の家族の子ども。
＊身体障碍者を含む家庭の子。
＊2015年〜2016年の年間所得カテゴリーで、調整後の課税対象収入が43,727豪ドル以下の個人の子ども。または、収入サポートをもらっている親の子。
＊非英語圏出身の家庭の子。
＊ひとり親家庭の子。
(Department of Education and training, Government of Australia, 2016)

通園する曜日を選べる

年に一度、写真館のカメラマンが来て記念写真をとる週がある。これは、全ての園児が毎日来るのではなく、火曜日のみ登園する子などがいるためだ。データはないが、筆者の経験では、毎日登園する子が約7割で、残りが曜日を選んで登園する子だ。つまり、予算などに応じてアレンジする家庭もあるということだ。

例えば、母親がパートで月曜日、火曜日、木曜日、金曜日の週4日、働いているとしよう。家の近くにA保育園があるが、保育料金がわが家にとっては高額だ。でも火曜と木曜に空きがあるらしいから、その日はそこに通わせよう。水曜は仕事がないから、自宅で一緒に過ごし、月曜日と金曜日は少し遠いが、料金が安いB保育園に通わせよう……といった具合だ。

行事はとても少なく、あったとしても全体練習などが不要なものだけであるのも、この背景と関係していると思われる。

保育園の1日の流れ （日豪プレス：木の実幼稚園インターナショナル[2]、2008）

時間	内容
8時	開園。
8時〜10時	各自親に連れられて登園。自由遊び。
10時〜11時	年齢別保育。朝のおやつ。
11時〜12時	ラーニング・センターという設定保育。

	担任が観察を基に、子どもたちの興味や必要性を吟味したうえで課題を設定し、みんなの前で発表する。"Show and Tell""News Time"など。また、ダンスや歌といったグループ活動もあるが、基本的には興味がある子だけが参加し、日本のような一斉保育はない。
12時〜13時	昼食。調理師を雇っており、キッチンで作ったものを皆で食べる。オープンキッチンなので、子どもたちは調理されている様子が観察できる。比較的料金の安い保育園の場合、弁当を持参するようだ。
13時〜15時	昼寝。
15時30分	午後のおやつ。
16時〜	年齢別保育で帰宅の準備。その後は園庭で遊びながら保護者のお迎えを待つ。
18時	閉園。

◆写真で見る保育園の様子◆

イースター（復活祭）の様子　このようなイベントの際は、何時から行われるか事前に知らされるので、親も都合がつけば参加してよい。この日も筆者を含め多くの親が来ていた。

第 5 章 保育園　113

園庭の様子（上、右）

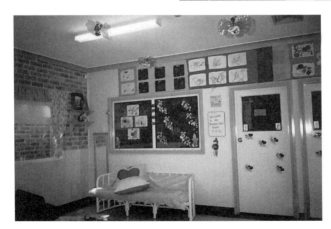

園内　後方のドアは昼寝室への入り口。一人に1台ベビーベッドが用意されている。左手が1歳未満児、右手のドアが1歳児以上〜2歳未満児の部屋である。

祖父母参観デー　年に1回、このような日もある。右手前に写っている帽子の男性は園が呼んだピエロ。普段から両親や祖父母、親戚などは、事前にアポをとれば、見学することができる。

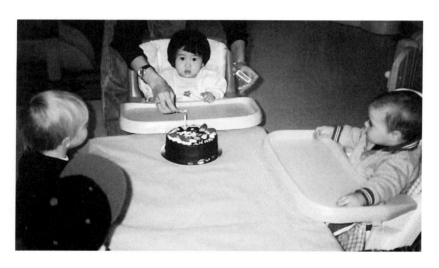

　上の写真は誕生会の様子である。例えば「2月生まれの子」とまとめるのではなく、各園児の誕生日ごとに祝う。
　それについては親と先生で事前に話し合う。特に何もしない子の場合は、園がシンプルなケーキを用意していたが、多くは名前入りの誕生日ケーキ

誕生会のあと、ケーキを切り分けて皆で食べる。

(ホール)を親が、園に昼頃までに届ける。派手にピエロや風船サービスなどの業者を呼ぶ親もいるが、派手だからと、園から注意されることもないし、文句を言う親もいない。カメラやビデオを保育士(教育者)に預けて、誕生会の様子を撮影しておいてもらうことも快く引き受けてくれる。

5. ファミリー・デイケア (Family Day Care)

　ファミリー・デイケアは、主婦が自宅(一戸建て)で、自分の子どもと一緒に他の家の子どもを預かり世話する制度で、政府が管轄するフォーマル・ケアである。日本の保育ママさんに相当する。40年の歴史があり、個人宅で行われる保育なので子どもにとって馴染みやすく、安全な学習環境であると言える。また、保育園より小規模なので、強い絆も生まれる。現在、全豪で、20万3,790人以上の子ども、また11万6,000以上の家族がファミリー・デイケアを利用しており、2万6,000人以上のファミリー・デイケア保育士(教育者)がいる。

　FDCを行うには、以前は無資格でも一定の研修を受ければよかったが、2016年から最低限、保育の資格Certificate Ⅲを持っていることが条件となっている(資格の詳細は第7章参照)。他に「子どもと働く許可証」、応急処置、ぜんそくの対応、アナフィラキシー・ショック(全身かつ重度の過

敏症アレルギー反応の一つで、生死に関わる場合もある）に対応できることが必須である。しかし、ファミリー・デイケアは自宅でできる仕事で、営業日も自由に決めることができ、料金も自分で決められるので、主婦にとってはフレキシブルな仕事でもある。また、保育園で雇われて働いていた教育者が、自分で開業したい場合にも適している（Family Day Care Australia, 2016）。

ファミリー・デイケアについても、2016年より、下記の基準で全豪統一された。

子ども7人に対して保育士（教育者）1人。ただし、保育士の自宅に居住する自身の子ども（13歳未満）も含む。プリスクール児童やそれ未満の乳幼児は4人以下であること（Australian Children's Education & CareQualityAuthority, 2016）。

ファミリー・デイケア・コーディネーター

ファミリー・デイケアの教育者は、ファミリー・デイケア・コーディネーターの訪問を受けなければならない。後者は幼児教育分野でのディプロマ（日本の短期大学で取得する学位相当）以上を所持していなくてはならない。コーディネーターは、各ファミリー・デイケアを定期的に訪問して、規則通りに保育が行われているか等をチェックするだけでなく、必要な教育をしたり、教育者の相談にも応じる。基本的にファミリー・デイケアの責任者である。さらに巡回視察状況を報告書にして、上級コーディネーターに提出しなければならない。

6. 大学の附属保育園について

昨今、日本でも大学に保育所を開設する気運が高まっている。

確かに、特に大学院は、社会人が入学してくる可能性が高いので、保育所があったほうがよいだろう。しかし、それは親が大学の近くに住んでいる場合に限られるのではないだろうか。

通っている大学が自宅からある程度距離があると、子どもを朝から満員

電車で連れて行かなければならない。乳幼児にとって、電車内で大人しくするのは至難の業だ。ぐずったり、泣いたり、大声を上げたりするだろう。普段は大人しい子でも、満員電車内では大人しくするのは大変になる。

　というわけで、私が大学院時代を過ごしたシドニー大学にもニューサウスウェールズ大学にも、保育園がそれぞれ複数併設されていたのだが、筆者は自宅の近くで保育園を探した。

　日本の大学に開設される保育所は、教職員と学生の利用だけでは利用者が少ないため、地域の住民にも開かれている場合が多い。

大学に子どもをスムーズに連れて行くコツ
　第1章（18ページ）で紹介した保健師の「子どもに職場や学校を見せなさい」というアドバイスとも一致するが、筆者が子持ちなのを知ると、「大学に子どもを連れてきていいわよ」と先生自らが言ってくれた。しかも複数の教員が言ってくれる。

　個人的にオーストラリアで感じたことは、柔軟性あふれる対応だ。私はそうは言われても、他の学生がいるゼミなどには気が引けて子どもは連れて行かなかった。しかし、修士論文や博士論文の指導教官との打ち合わせでは、何度か連れて行ったことがある。時間の関係で、保育園の都合がつかなかった場合などだ。教官たちはいずれもフェミニストであるから、無論そこは寛大だ。

　その場合、教官は私の子どもを別の机や離れた席に座らせ、ペンと不要な紙などを与えてくれた。私も子どもが好きな絵本など数冊を持参した。こうすることで、うちの子の場合は30分〜1時間なら大人しくしていられた。子どもも、普段とは違う大学院の雰囲気に緊張したのか、頑張って行儀良くしていた。

　ただし、筆者もそれなりの気配りはした。例えば、2人の子どもを同時に大学に連れて行ったことはない。複数となると、2人が会話をするし、騒がしくなることが容易に想像されるからだ。必ず1人は保育園に行かせるなり、夫と分担してもらったりした。

　また、私も子どもを自分の膝に乗せることはしなかった。つまり、"親"

として参加するのではなく、あくまでも"学生"の態度で授業に出席した。こうした配慮をすれば、連れていくことも可能だということだ。

時々であれば、先生方も温かい態度で子どもに接してくれる。

「彼女は多分、今この大学にいる一番若い人ね」などと、私の子どもに笑って話しかけてくれた先生もおられた。

このように、日本で大学に保育所を開設する場合は、まずは大学からファミリー・フレンドリーな場所にすることが必要であると考える。

7. まとめ

長い間議論されてきた保育園についての「保育だけでよいのか？ 教育は必要ないのか？」の問いには、前述した政府の戦略で一応の決着を見たことになる。子どもによい教育を施すと、国にもたらされる経済効果も甚大であるので、オーストラリアは将来が楽しみな国になっている。

保育園は、良質なところは保育料も高額である。しかし、各自の予算に合わせてアレンジして通園できるのはメリットであろう。

ファミリー・デイケアについては、筆者は利用したことも、見学したこともないし、利用していた人も知らないが、よしあしは主催者（教育者）の資質によるところが大きいと考える。教育者と親の気が合えば、使い勝手がよい保育の一つであると言えそうだ。

最後に、社会自体が、ファミリー・フレンドリー（家族に子連れに優しい）であることが、本当に子育てしやすい環境を作るということを確認しておきたい。

注
1）しかし、まだ一般には「教育者」の呼び方は浸透しておらず、旧称や「チャイルドケア・ワーカー」などと呼ばれている。
2）木の実幼稚園インターナショナルは「幼稚園」と名がついているが、実際には保育園も兼ねている。掲載したのは保育園利用者のプログラム。幼稚園の利用者はたいてい15時頃に帰る。

参考文献

Australian Bureau of Statistics (ABS). 2015a, *Family Characteristics and Transitions, Australia 2012-13*. Cat.no.4442.0. Canberra : AGPS.

――, 2015b, *Preschool Education Australia 2014*. Cat. No. 4240.0 Canberra : AGPS.

――, 2015c, *Child Education and Care, Australia, June 2014* Cat. No. 4402.0 Canberra : AGPS.

Australian Children's Education & CareQualityAuthority, 2016a.
http://acecqa.gov.au/Article.aspx?pid=806&preview=True
（最終アクセス日　2016年2月25日）

――, 2016b.
http://www.acecqa.gov.au/educators-and-providers1/qualifications
（最終アクセス日　2016年2月25日）

Australian Government, 2010, Department of Education, Employment and Workplace Relations, *Annual Report　2009-2010*.

Department of Education and training Government of Australia, 2016. *Priority for allocating places*.

Dowling & O'Malley, 2009, *Preschool Education in Australia*. Australian Council for Educational Research.

Family Day Care Australia
http://familydaycare.com.au/index.php/main/About%20Family%20Day%20Care#M39
（最終アクセス日　2016年2月1日）

日豪プレス　木の実幼稚園インターナショナル, 2008,「幼稚園での園児の1日の過ごし方」, 2008年12月29日
http://nichigopress.jp/ikuji/qanda/1608/

第6章　学童保育

1. はじめに

　2014年現在、学童保育施設は全豪で約3,500か所ある（The National Outside School Hours Services Association , 2014）。筆者は過去に諸外国との日本の学童保育の共同研究において、オーストラリア担当として参加してきた（臼田、2009a,臼田、2009b,臼田、2014a,臼田、2014 b）。

　しかし、調査し視察するうちに「オーストラリアの学童保育は利用しやすいものなのか？」という疑問がわいた。そこで、本章では学童保育の利用率、特に親にとっての学童保育の使いやすさを中心に考察する。

　本章の構成は、まずオーストラリアの学童保育がどのようなものか説明し、次に筆者が視察した2か所（ニューサウスウェールズ州シドニー市ウィロビー地区とウェスタンオーストラリア州サウス・パース地区／以下NSW州、WA州と略す）の学童保育施設について報告する。最後に、学童保育の利用率について考察し、なぜそうなのか、原因について論じる。したがって、以下は全豪対象のデータとNSW州およびWA州のデータだけで論じる。ただし本章では、バケーションケア（後述）と障害がある児童の学童保育については対象外とする。

2. 学童保育：歴史と現状

1）制度と歴史

　オーストラリアでは保育（Child Care）といった場合、その対象は0歳児〜12歳児までを指し、また学童（School Aged Children）といった場合は

5歳～14歳を示す（Vered, 2008：42～52）。

　まず、オーストラリアで保育を語る時の頻出用語である、フォーマル・ケアとインフォーマル・ケアの言葉の定義を記す。

　フォーマル・ケアとは、子どもの自宅以外で行い、州政府の管理下にあるケアで、ケアに対して料金が発生する。その料金に対しては、各家庭の状況に応じてChild Care Benefit（以下CCBと略す）という制度により、申告すると連邦政府からの助成金がある。

　一方、**インフォーマル・ケア**とは、親が手配する子どものケアのことをいい、何の規制もない。多くは子どもの家でケアされ、祖父母、親戚、親の友人、隣人、または対象となる子どもの兄や姉も当てはまる。通常、料金は発生しない。ただし、料金の発生するベビーシッターやナニー（訪問型）またはオウペアー（住み込み型）もこのカテゴリーに入る。これらはオーストラリアで最も多く利用されている子どものケアである（Brennan, 1998：Australian Bureau of Statistics, 2007　以下ABSと略す）。

　次に、学童保育の定義であるが、Before and After School Careと呼ばれ、5歳～12歳の児童が通うフォーマル・ケアである。多くは学校内にあるが、コミュニティ・センターやレクリエーション・センターで行われているものもある（ABS, 2007）。大きく分けて3種類あり、朝7時～9時頃まで児童を受け入れるビフォー・スクール・ケア、放課後（だいたい14時半～18時まで）に児童をケアする学童保育であるアフター・スクール・ケア、そして夏休みなどの長期休暇中に児童をケアするバケーションケアである。授業前保育を提供する施設は少なく、多くは放課後保育のみである。他にピューピルズ・フリー・デイ[1]というものも年に2日くらいあり、その日も学童保育は行わなくてはならない。これらを総合した正式名称は、Outside School Hours Care（通称OSHC）であるが、Out-Of-School Hours Care（通称OOSH）とも呼ばれることも多い。

　オーストラリアでは、連邦政府は保育に関してガイドラインを示すのみで、実際の管轄は各州政府によって行われている。2012年の「教育とケアサービス法」という連邦法成立に伴い、Framework of Early Childhood

Education and Care という制度が2012年1月1日より導入された。ここで言うEarly Childhoodとは0歳〜8歳を指す。この法律の下で連邦政府と各州政府は連携して、この子ども期の教育とケアを充実に向けて活動することになった（Council of Australian Government, 2012）。

これにより、かつての全国保育認定評議会がAustralian Children's Education and Care Quality Authority（通称ACECQA, この通称を以下本稿で使用する）という官庁になり、ここに全豪の学童保育も含む全てのフォーマル・ケアが管理されることになった。各学童保育施設はここに申請し、視察を含む審査で承認されなければ運営できない。しかし、学童保育には注力されておらず、例えば児童数対スタッフの比率も連邦政府は各州で決定すべき事項とし、人口が最大のNSW州では2014年9月時点で「未定」となっている（New South Wales Government,2014）。したがって、州政府で規定を作成しない場合は連邦政府のガイドラインに従うこととなる。WA州も独自にこの比率を定めてはいないので、NSW州と同様のこととなる。

その連邦政府のガイドラインでは、児童15人に対し最低限1人のスタッフが、子ども30人に対し、有資格者のスタッフが1人以上で監視することとなっている。その場に最低2人のスタッフが常駐し、子どもたちに目を配ることも必要とされている。さらに、遠足に行く場合は児童8人に対し最低限1人、水泳時には児童5人に対し最低限1人スタッフがついていることとなっている。応急処置資格保持者が常時1人以上いることも条件である。

学童保育の簡単な歴史については、20世紀初頭に存在したメルボルンとシドニーの市役所が管轄する「管理人のいる戸外の遊び場」という形が始まりである（Brennan, 1996）。当初の学童保育はレクリエーション目的で、芸術団体やレクリエーション団体が主催していた。場所も、次第に公民館、そして学校の校庭と変わっていったが、学校の先生たちとはほとんど連携はなかった（Cartmel, 2007）。恵まれない子どものための社会的必要性からも運営されていた。

しかし、1972年に保育法（Child Care Act）が成立し、然るべき資格保持者を雇っている保育施設には連邦政府から補助金が出るようになると、「働く親のために児童を放課後預かるもの」へとその性質を変えた（Brennan, 1996）。また、同時に親への助成金制度CCBも1972年から始まった。

2）組織体制

運営主体については全豪のデータは見当たらないが、州で学童保育の運営母体の主流も異なり、SA州では公立学校、NSW州では自治体、ヴィクトリア州では民間団体である（Vered, 2008: 51）。しかし、現在では保護者団体か非営利団体が学童保育運営の主流である（Council of Australian Government, 2012）。

3．学童保育視察レポート

1）第1回視察（2009年5月1日）　ニューサウスウエールズ州
チャッツウッド

シドニー郊外の学童保育施設Chatswood Out of School Hours Careの視察を行った。この学童保育施設は2003年に開所され、それ以降全豪保育品質保証（Child Care Quality Assurance）の認証を継続して得ていた（2009年5月の視察当時）。このような評価は連邦政府のホームページで公開されており、誰でも閲覧できる。2014年12月の時点では、この施設はまだ新しい査察組織であるACECQAの審査は受けておらず"Provisional"（仮評価）であったが、2016年5月の時点では「合格」となっている。

この学童保育は、地元のラグビーチーム所有の建物を借りて行われている。チームが利用するのは週末だけなので、平日の午後は空いており、このような場所の確保の仕方も参考になる。午後の学童保育だけ行っており（15時～18時）、児童1人1日の参加費用は2016年5月現在26豪ドル（2,054円）で、全員におやつが供給される。

視察した時間帯が比較的早かった（PM3: 30頃）ためか、児童は9人に対しスタッフは1人で、児童は各自、自由に遊んでいた。大きな机が4台

あり、そこで宿題をしている児童もいた。見たところ、児童の人数に対して机と椅子は足りているようであった。

小さなキッチンがあり、飲料水のサーバーと各児童のコップもあった。

ウォーター・サーバーと児童の名前が書かれたコップ

本棚はあったが冊数は少なく、ほとんどが低学年向けの本であった。設備としては他にテレビがあったが、この日は晴天であったため、視聴されていなかった。この施設には園庭はないが、すぐ近くに公園があるので、そこで遊ぶこともできる。

しかし、筆者の目には、上級生にとっては「魅力的な学童保育施設」とは言い難いものと映った。確かにオーストラリアでは小学生の年齢が上がる程、学童保育の利用率は低い（ABS, 2012；Hand, 2008）。また、オーストラリアでは学童保育は、小学校ごとにあるわけではない。多くの学童保育は近所の2校～3校の小学生を受け入れている。ただし、私立小学校に付随する学童保育はそこの学校の児童のみ受け入れている場合が多い。

視察中に学童スタッフに引率されて、別の小学校から約6人の児童が徒歩でやってきた。その際、児童の列は、先頭と最後尾がスタッフで、真ん中に児童たちが挟まれる形であった（下図参照）。

学童保育入口　ランドセル替わりのリュックサックが置かれている

クラブハウスの中で遊ぶ子どもたち

　この学童保育の場合、徒歩圏にある2校の小学校（私立1校、公立1校）を対象にしているが、空きがある場合には、他の小学校の生徒でも相談の上、受け入れ可能とのことである。合計すると、15人の児童に対してスタッフは3人であった。連邦政府の定めた児童対スタッフの比率は2009年時点で児童15人に対してスタッフ最低1人であるので、これを充分満たしている。

オーストラリアは保育園でも自由保育が基本なので、全員で何かを一緒に行うことは少ない。児童の各々の才能を伸ばすため、興味を持ったことを自由にやらせることが重要視されている。この学童保育は、確かに保育ポリシーとして「自由遊び」を強調していた。

　しかし、本棚に収められた本も少なく、図画工作をする日やトランプなどのゲームもする日もあるようだが、児童にとっては少々退屈そうに見えた。友人とおしゃべりをしている子や、一人でぶらぶら施設内を歩いている子もいた。スタッフは救急処置の資格を持っているという。

　当局の査察は毎年ではなく、自主査定レポートを提出するだけで済まされる年があることは懸念材料である。

2) 第2回視察(2014年8月21日) 西オーストラリア州　サウス・パース
①ケンジントンPolice and Community Youth Centre（後述）
Out of School Care

　ここも2014年12月13日の時点では、National Quality Standardでの判定は"provisional"「仮評価」であったが、2016年5月の時点では「努力中」の判定である。

PCYCの運営する学童保育（パース）　全景

スタッフ全員の名前と顔写真が親に分かるように掲げられていた。

個々のスタッフは全員が有資格者で、かつ研修も受けているそうだ。全員が"Working With Children's Check Card"(第7章参照)を所持している。

さらに、この施設では、児童のWell Being

パースのPCYCの学童保育施設が所有する5台のバスのうちの1台、ゴルフクラブ、銀行、宝くじ財団等の寄付で購入したことが分かる。

に詳しい専門職員を特別に雇っており、精神面のケアにも気を使っている。児童対スタッフ比率は常に13：1になるようにしているとのこと。また、応急処置ができるスタッフが、常時1人はいるようにしている。10以上の学校から、5台のバスに分乗してこの学童保育に来るようだが、視察当日は8校の小学校から、32人が来ていた。

各児童は自分の学校の教室で待っていれば、バスドライバーが迎えに来てくれる。この児童の迎え方も、安全に配慮している。ここでは、ガーデニングもプログラムとして入っており、彼らが育てている植物も庭にたくさん生えていた。

応急処置の道具と不審者侵入時などに使う警報装置も分かりやすい場所に置いてあった。利用料金は2016年5月現在、授業前保育(午前7時〜9時)が朝食付きで一日につき20豪ドル、午後の放課後の保育がおやつ付きで一日につき27豪ドル、バケーションケアは一日につき60豪ドル(朝食・昼食・おやつ込み)であった。バスは無料で利用できる。

オーストラリアは親の「お迎え」に関しては厳しい。閉所時間は18時であるが、例えば15分遅れて迎えに来た場合、15豪ドルの支払いが要求される。

「お迎え」に遅刻する場合、施設がとる手順は以下である。
① 18時20分を過ぎた場合、親や後見人に電話をかける。
② どちらにもつながらなかった場合、入所時に緊急連絡先として登録した人物に電話する。
③ 上記いずれも連絡が取れなかった場合で、19時になった場合、州政府の児童保護危機センターに通報し、状況を報告する (PCYC, 2013)。

全体の印象としては、以前視察したシドニーの学童保育より子どもたちは楽しそうであった。ちょうどおやつの時間前だったので、準備するスタッフの様子も観察できた。室内には1週間のおやつのメニューも掲示されていた。必ず新鮮なフルーツが含まれており、健康的なおやつを供給しているようだ。

今日のおやつはリンゴ

学童保育の園庭

4. 学童保育の利用率について

　オーストラリアの、全小学生の学童保育の利用率は10％であり（ABS, 2007）、さらに10歳〜11歳では8％の利用率である（Mullan, 2012）。図6-1はその利用内訳を示したものである。
　放課後のみの利用者が多いことが分かる。
　ちなみに、2008年の諸外国の学童保育利用率のデータによれば、日本は小学校3年生の平均利用率が15.4％（最高は小学校1年生で24.3％）（池本、2009）、ドイツは12.6％（6歳〜7歳が最高で56％、11歳〜14歳が最低で0.9％）（長谷川、2009）、スウェーデンが首都圏の6歳〜9歳児で83.5％、過疎地の同年齢児で60.3％（三枝、2009）である。アメリカの小学校3〜5学年で11％（岡元、2009）、イギリスでは5歳〜7歳児の12％（池本、2009）であり、フランスのパリ市では7歳〜14歳児で45％の利用率である（松村、2009）。これらの国と比較すると、オーストラリアの利用率が低いことが分かる[2]。なぜ利用率が低いのかを以下で考察していく。

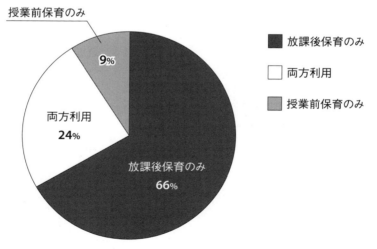

図6-1　学童保育の利用状況
Australian Social Trends 2007,Article: Before and /or After school care
（Australian Bureau of Statistics 以下ABSと略）（複数回答）より作成

1）低利用率の主な原因
① 入園申請していない親の多さ

　空きがあるフォーマルな学童保育施設は多いが、親は「自分の家庭のニーズと合う保育施設があれば、行かせたい」という消極的願望が多数である。

　2008年のABSによる０歳〜12歳児の親を対象にした子どものケアに関する調査では、約8万9,000人が「フォーマルな保育と自分たちの必要性が合わない」と答えている。しかし、その約3分の1である約30,000人は何らかの保育施設に入園申請し、13,000人は入園しているが、17,000人は入園できていない、つまり日本でいう待機児童に当たる。残りの3分の2である5万9,000人は保育施設に入園申請していない（図6-2参照）。

　つまり、待機児童の問題以前に、申請していないのである。入園申請をしていない理由の1位は高額な保育費で、約3割がそう答えている。2番目の申請しない理由は「自分の居住地域に保育施設がない、もしくは保育施設があるのか分からない」という答えで、21％であった。また、調査対象の89,000人のうち54,000人は未就学児で、35,000人が就学児童であり、後者の親のうち88％が学童保育の利用を望んでいた（ABS, 2010）。

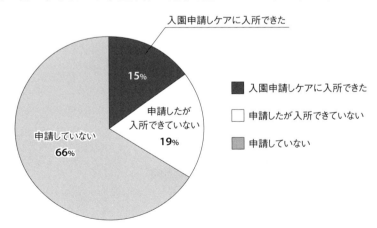

図6-2　「フォーマル・ケアと自分の家庭のニーズが合わない」と答えた親の行動
ABS, Australian Social Trends, June 2010 より作成

しかし、受け入れ可能な学童保育施設は常に複数存在する。例えば、2014年に視察したWA州の学童保育はサウス・パース地区にあり、このエリアに学童保育を含むフォーマルな小学生の放課後ケア施設は44か所ある。そのうち、38か所は空きがある。また、2009年に視察したNSW州の学童保育がある地域（Lower North Shore）には9か所の学童保育施設があり、そのうち5か所に空きがある（Careforkids.com.au．2014年12月13日現在）。

　ただし、オーストラリアの保育施設での定員は曜日ごとなので、利用者が希望する曜日が一致するとは限らない。筆者の子どもたちを保育施設に入園させた経験でたとえると、保育施設に問い合わせた場合、「現在、火曜日には3人の、木曜日には5人の空きがあります」という回答をしてくる。したがって日本のように週5日を希望する場合は、「では、まず火曜日と木曜日に通いますか？　その後、月曜日、水曜日、金曜日のウェイティングリストに申請して、空きが出てきた曜日から、順次繰り上がり通園できるようにしましょう」と言われる。

　父母の「ニーズが合わない」というのは、この働く曜日と保育施設の空きがある曜日の不一致であることも考えられる。

　また、学童保育の情報（名称や所在地、利用料金、空き状況）は、各自治体より上記のような民間の情報のほうが分かりやすい。そこで分かるのは学童保育は、視察した施設型のものより、保育者の自宅で預かるファミリー・デイケアが多いということだ。こちらもフォーマル・ケアであるが、前述のとおり0歳〜12歳児を預かり、受け入れ児童の年齢幅が広い。

② **高いコスト**

　上記の親が学童保育に申込み申請をしない理由の1位はコストが高いことであった。また、次の③でも見ていくが、保育施設の利用を嫌う親の中にも高いコストは指摘されていた。

　学童保育の一日平均利用料は9.75豪ドル、1週間で48.75豪ドルであり、最大35豪ドルまで助成金（CCB）が出ることになっている。しかし、助成金を受け取るには様々な条件があり、多く受け取ることは難しいので、やはり利用料が高いと言わざるを得ない（Vered, 2008: 51）。CCBについては、

約25％が利用していない。それらの親のうち、理由の1位は「収入が適格条件を上回っているから」であるが、「助成金制度があることを知らなかった」や「煩雑な申請作業の割に見合わない助成金額だから」というのも合わせて42％もいる（ABS, 2007）のは問題である。

特に授業前保育は高額だと言えよう。パースの視察した学童保育は、朝食も込みで2時間20豪ドル（1,580円）の費用がかかる。また、この施設の最寄りのファミリー・デイケアの授業前保育の費用も、1時間10豪ドル（790円）である。

なお、毎日ではないが行事がある日の参加は義務で、遠足など約17豪ドルがさらに基本の利用料に上乗せされる。利用料も値上がり傾向にあり、いくら親に2週間後に助成金が戻るといっても（以前は半年後であった）、学童保育の利用を控える傾向が今後高まるのではないかと危惧される。

③ 子どもを保育施設に入れるのを嫌う人々の存在

いくらよい学童保育があったとしても、自分の子どもを保育施設に入れたくないという親は、時代にかかわらず一定数存在する。

それは「よい母」という規範にしばられている場合や、保育施設の人間を信用できないという理由もある。自分自身が子どもの時にそのようなケア施設に通ったことがないので、懐疑的になり利用したがらない。

「子どもの成長を自分で見守りたい」「ケア施設は教育的ではないので、通わせる必要がない」と考える親もいる（Hand, 2005）。

また、自分自身は専業主婦の母親に手間暇かけて育ててもらったのに、自分は仕事のためとはいえ、子どもを保育施設に入れて育ててよいのかというジレンマも抱えている（Maushart, 1997）。

質的に満足できる施設を見つけた場合は使う人も少数ながらいるが、その時によい印象を持たなかった場合は二度と使わなくなる。また、高品質な施設は往々にして利用料が高額であり、それも理由となっている（Hand, 2005）。

したがって、こういった母親はフルタイムでなく、比較的短時間もしくは時間がフレキシブルな働き方をしている。Australian Institutes Of

Family Studies（オーストラリア家族学研究所）の10歳〜11歳児の母親の就労状況調査では、フルタイムで働く者は27.5％、パートタイムワーカーは47％、専業主婦は25.5％であった（Mullan, 2012）。

　これと関連した理由に、子どもの遊びの変化も挙げられる。かつては、子どもにとって外遊びは重要で、自分の身の回りの環境を知り、マッピングする技術を自然と養った（Blaut & Stea, 1974）。しかし、子どもを対象とした凶悪犯罪の増加により環境が悪化したため、親も自分の子どもが外遊びをするより、家の中にいることを好むようになった。多くの子どもがパソコンやテレビゲーム等で遊んでおり、親はその悪影響を認識しながらも、親が子どもに「目を注いでいられる」場所である家庭を選択するようになったのだ（Holloway & Valentine, 2003）。

　また、経済的に多少余裕がある家庭では、子どもに放課後の習いごとをさせる傾向もある。親の安全への懸念から、子どもの放課後活動が、公共的な外遊びから私的な課外活動（習いごとなど）へと移行し、なおかつ、その課外活動への移動も母親に依存している（Dowling, 2000）。またオランダにおいても（Karsten, 1998）イギリスのロンドンにおいても（Kelly et al., 1998）同様の傾向が見られる。

④ 一人で帰宅留守番しているケース

　多くの親は、子どもを留守番させることに罪悪感を持っているので、親に質問しても正しい答えは得られない（Dowd, 1991: Karrebrock and Lewit, 1999）。Australian Institutes Of Family Studiesの調査では、それを裏づけるように親と子どもで異なる結果が得られている。全豪4,132人の10歳〜11歳児の親への調査では、72％が親だけで世話をし、フォーマル、インフォーマルともにケアは利用していないという。6％が学童保育を利用し、一人帰宅一人留守番の児童（いわゆる「鍵っ子」、Latchkey child）は5.1％しかいない。しかし、児童らの調査では46％が親のお迎えで帰宅し、親がいる自宅に一人で帰宅する子どもは10％であった。フルタイムで働く母親の子どもでも4％しか学童保育に行く子どもはいなかった。そして、一人で学校から帰り自宅に誰も大人がいない状態、誰の管理下にもない状

態であると答えた子どもが20％、やはり、一人で自宅以外の場所へ行き、そこで大人の管理下にない状態であると答えた子どもは5％だった。つまり、合計で25％の小学生が、一人で帰り大人のいない場所で過ごしている[3]（Mullan, 2012）。

　日本でも、日経DUALの2016年の調査では、共働きで小学生の子どもを持つ親の約4割が、「子どもだけで自宅で留守番をさせている」と答えている（日経DUAL、2016）。これは親への調査であるから、子どもに同じ質問をすると、この数字はもっと高くなるだろう。

　ちなみに、メルボルン郊外のBerwickでの1991年の調査では、親が働いている間、一人で留守宅に帰る児童の割合は、12歳では30.4％、6歳で5.7％であった。

　ただし、「一人で留守番」に対する評価は必ずしも否定的なものではなく、独立心が養われるというメリットもある（Ochiltree, 1992）。

⑤ 保育の質への疑念

　連邦政府は1993年に全国保育認定評議会を設立し、保育の質の計画的・継続的向上を目的とした認証制度を1994年より始めた。これにより、かつての全国保育認定評議会が2012年よりACECQAという官庁になり、そこで管理されることになった。

　これは保育園だけでなく学童保育も審査の対象である。しかし、この制度は「保育施設に査察の連絡が事前にあるので、準備できてしまう」、「査察は抜き打ちで行われなくては意味がない」などの甘さが指摘されている（Rush, 2007）。2014年の時点でも、ACECQAから学童保育への査察の予告が4週間前にある。

　1994年にガイドラインの初版本が配布されたが、それ以降徐々に各保育園での自己管理義務が強化されたり、査察官の訪問なしでも自律性の要求が強化されている。

　評議会側にも問題はあり、全豪で約500人いる査察官が1年で155人も誕生する一方、28人が退任するなど安定しない。また、各施設に下された評価に対する、保護者や保育者等からの苦情も一年間で425件の電話、

70件の文書が評議会に届き、未解決は17件もあった（高濱・那須、2004）。

　保育の質の高さと利用率はやはりある程度は連動する。糸山・中山は「フィンランドの学童保育では児童2〜3人に対し指導員が1人つくので、児童一人ひとりの話をじっくり聞くことができ、大きな声を出す必要が無く、日本にいるような興奮した子どもはいない」（糸山・中山、2013：139）と視察報告している。このように、良質な学童保育が施されているフィンランドでの利用率は小学1年生が最高で48％、全体平均で29.3％と高い（渡邊、2009）。

　また、筆者はシドニー在住の日本人で、数年間勤めたシドニー都市部の勤務先が、学童保育施設と隣接していたという方にインタビューを行ったことがある。それによると、施設長は常識的な人であったが、スタッフの中には言葉使いや態度がとても悪い人もおり、子どもたちに悪影響が出るのではないかと心配していた。訪問したこともあるそうだが、机は2台しかなく、足りていない様子で、狭い園庭でよくボール遊びをしていたとのこと。閉園時間は18時だが、ほとんどの子が17時には親の迎えが来て帰宅していた。充実した施設という感じは受けず、「時間をつぶす場所」という印象を受けたという（臼田、2014b）。

　学童保育の質といった場合、保育指導員、施設と園庭の状況、遊具や提供されるおやつ等の視点から分析されるだろう。

　筆者の視察では、シドニーとパースの学童保育は両方とも総じて質は良好だと感じた。シドニーの学童保育は男子が多く、指導員が見守る中で児童らはソファーの上を皆で這いずり回るなど、活発に遊んでいた。

　一方、パースの学童保育では児童はほぼ全員女子で、学童指導員は大変好かれている様子で、皆でその後ろをついて回り、じゃれたりしていた。つまり、指導員との接し方に児童のジェンダー差があるようだ。

　シドニーの学童保育では女子は少数で集い、男子と混じって遊ぶことはなく、指導員に話しかける様子もなく、あの状況では楽しいと思い難いであろう。同様に、パースの学童保育では男子が少数派なので、彼らが学童保育を楽しいと思えるかどうかは疑問だ。

　このように、施設自体や学童保育指導員は客観的に良好と大人には見え

ても、児童本人がその状況によって好き嫌いがあるであろうし、さらに、親に述べる感想は異なるかもしれない。学童が保育の質を語る時、他の参加児童たちとの相性も含むであろうし、難しい。

なお、質というより、ロケーションだが、視察したような学童保育は優良で（下調べして訪問したせいもあるが）、このようなセンター型の学童保育は多くなく、まばらに点在しているのが実情だ。特にパースの学童保育は、10以上の小学校から児童が来ていることから分かるように、学区にしてみると対象範囲はかなり広域である。児童はバスでやってくる上、帰宅は親の車か公共のバスしかない場所なので、学童保育への行き帰りには児童の体力的負担も大きいであろう。

⑥ **延長保育がないこと**

オーストラリアの学童保育の認可条件に18時に閉所することが含まれている（PCYC, 2013）。つまり、「子どもの権利」を重視した学童保育制度になっている。

しかし、社会学者Kelly Handは、学童保育利用中の母親たちへのインタビュー調査で、その不満を明らかにしている。それは「病児保育がない」「学校行事などの変則授業日に、学童保育がフレキシブルに保育時間を対応してくれない」「夏休みなどの長期休暇対策が不十分」であった（Hand, 2008）。

平均的な仕事時間の人は子どもの迎え時間に間に合うが、長時間労働の母親には苦労が伴う。例えば、企業でエグゼクティブ等を務める母親は18時前に一旦子どもを迎えに行き、自宅の夫に預け、自分はまた職場に戻り、深夜0時まで働くといったエピソードを紹介している（Chesterman & Ross-Smith, 2010）。また、筆者の知人は、職場近くの保育施設を利用し、残業の時は18時前に一度子どもを迎えに行き、子どもを自分の職場に連れて戻っていた。その職場には警備員がいるのだが、予め説明があると思われ、その子は尋問や訪問者リストに記名することなく通過していた。

このように、企業で長時間労働をしている母親の場合、工夫しながら保育施設を利用しているのが分かる。

「ファンタジー」という題の生徒の工作

救命道具は分かりやすいところに

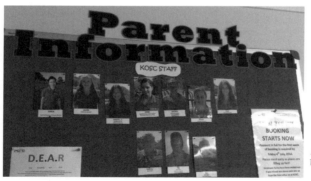
スタッフの顔写真と名前と役職

2014年8月21日　今日したこと
男子も女子もよく体を動かしました。
・工作ではロケットを作り、色を塗りました。
・雨だったので、皆室内にいました。
・体育館でサッカーや体操をしに行った子もいます。
・エアーホッケーをしました。
・DVDで「ナイト・ミュージアム」を観ました。

その日の活動内容も掲示されている（筆者訳）

第6章 学童保育　139

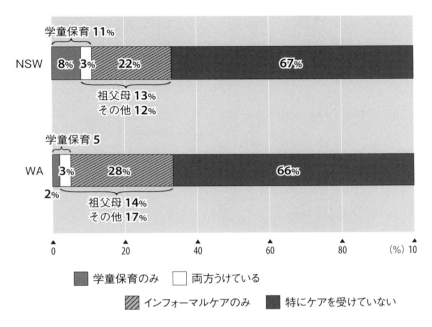

図6-3　NSW州とWA州の小学生の放課後のケア状況

4402.0 - Childhood Education and Care, Australia, June 2008 (ABS) より作成。
NSW州6歳〜12歳児総数619,000人，WA州6歳〜12歳児総数192,000人(1%は誤差)

　図6-3から分かることは、放課後にケアを特に受けていない児童の割合は、視察したNSW州とWA州でほぼ同率であること、ケアを受けている小学生のうち両州とも学童保育よりインフォーマル・ケアを受けている子が多いことである。そして、WA州では学童保育利用率が5%（学童保育のみ利用2%、学童保育とインフォーマル・ケアの両方利用が3%）で、NSW州の11%（学童保育のみ8%、学童保育とインフォーマル・ケアの両方が3%）より低いことだ。インフォーマル・ケアの内訳も、祖父母に子どもの放課後ケアを頼む割合がNSW州で13%、WA州で14%と両州でほぼ一致している。しかし、その他の人にケアされている児童はNSW州では12%だが、WA州では17%であり5%多い（ABS, 2008）。これは広大なWA州では各家庭のニーズに合った学童保育が少なく、その分、融通の利くベビーシッター等を利用しているためと考えられる。

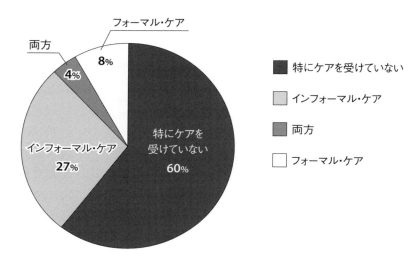

図6-4　全豪6歳～12歳児の親以外のケア状況
ABS.2015, 4402.0 Childhood Education and Care, Australia, June 2014　より作成

　全豪に6歳～12歳児は約201万3,500人おり、その6割は親以外のケアは受けていない。ケアを受けている者は約4割で、そのうち多いのがインフォーマル・ケアで31％（27％＋4％）いる。インフォーマル・ケアを受けている学童のうち、一番多いのは祖父母によるケアで56％もいる。

　一方、フォーマル・ケアでは93％が学童保育で圧倒的であるが、ファミリー・デイケア（保育ママさん）に通う子が5.2％、保育園に放課後通う子が1.5％とわずかだが存在する。

5. 学童保育以外のケアについて

① 祖父母によるケア

　オーストラリアでは小学生の放課後のケアの担い手は、実は学童保育よりも祖父母が1位である（図6-5）。

　祖父母が孫の世話をする場合、祖父母との同居や近居が条件となるが、これはエスニシティと関係しており、非アングロサクソン系の家庭で三世代同居が多い。三世代同居率はオーストラリア生まれの人の家庭では

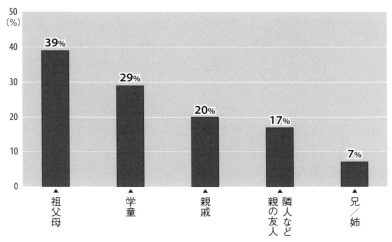

図6-5 親以外のケアを受けている小学生のケアの担い手
Australian Social Trends 2007　Article: Before and /or After school care（ABS）
（複数回答）より作成

2.1％、イギリス出身は1.6％だが、先住民アボリジニで12.6％、東南アジアや中国出身は7.1％、中東や北アフリカ出身は5.8％である（de Vaus, 2004）。さらに、母方の祖父母のほうが、父方の祖父母の約2倍より多く世話をしている（Baxter, 2013：35）。

② その他のケア

子どもが小学生でも、特に幼い弟妹がいる場合など、留守中の自宅で子どもの世話をしてくれるベビーシッターやナニー（訪問型）またはオウペアー（住み込み型）を個人で募集している人も結構いる（近所のショッピングモールの掲示板や地元新聞にて）。延長保育はオーストラリアにはないので、勤務終了後、学童保育に18時までに迎えに行かなければならないというのは、残業のある仕事をする母親には難点になっているだろう。その点、こうした時間がフレキシブルなケアは、そのような親にとって利便性が高い。

また、日本での通称「保育ママさん」（正式名称は「家庭保育員」という）

に相当するのが、ファミリー・デイケアである。これはフォーマル・ケアに分類され、ケアする人が自宅を開放し、他人の子どもを預かって世話をする制度で、0歳〜12歳児までを扱う。このファミリー・デイケアに通う子どものうち、23％は小学生だった。また、小学生も受け入れている保育園に放課後通う小学生も5％いる（Australian Government, 2006）。つまり、放課後対策が必要な小学生の全てが学童保育を利用しているわけではない。

6. 学童保育の課題

卒業生たちから聞かれるのは、「保育園は楽しかったが、学童保育はつまらなかった」という声が多い。なぜなら、学童保育は遊びも低学年向きの内容で、高学年の子には退屈なものであったと子どもたちは述べている（ポーコック、2010：179）。また、オーストラリアでは小学校の先生の賃上げ要求のストライキがあり、その場合は学童保育は行われず、働く親は児童の保育先がないという問題を抱えている。

親側にも問題はある。児童が学童保育で宿題をすることはスタッフが勧めているが、内容まではチェックする責任はない。親からは「宿題の内容も見て欲しい」という要求があるようだが、それは適切ではない（Network of Community Activities, 2005）。また、単調になりがちな学童保育のプログラムにバリエーションを加えるため、親（ないし祖父母や叔父叔母）のボランティア参加が望まれているが（Network of Community Activities, 2011）、実際の参加率は低いようだ。

学童保育におけるメディアの利用に関しては、施設長やスタッフがビデオ鑑賞やパソコンで遊ぶことを否定的にとらえている施設とそうでない施設があり、統一されていない（Vered, 2008: 92-93）。保育園や学童保育で、雨の日などにビデオ（DVD）を見るが、この場合、見てよい番組はビデオのコードG（一般鑑賞用）かPG（親の指導下での鑑賞を推奨）となっている。

メディアの存在が与えるのは必ずしもネガティブな影響だけではない。小学校ではパソコンの使用方法を学ぶが、20％〜25％の児童は自宅にコン

ピューターがない。そんな子どもたちにとっては、学童保育のパソコンは復習のチャンスであるから、奪うべきではないだろう（Vered,2008:173）。

　オーストラリアには、18歳未満の児童を一人で自宅で留守番させてはいけないとする法律はないが、家族法では、親は子どもに衣食住と安全と保護を与えなければならないとされている（Government of South Australia, 2010）。したがって、児童に一人で留守番をさせてもよいが、その際は親が安全に十分配慮した上でなければならないということである。

　ニュージーランドでは、オーストラリアと異なり、14歳になるまでは大人の目がないところで過ごさせてはいけないという法律があることから、学童保育は5歳〜13歳が対象となっている。しかし、学童保育を利用しているのはわずか9％であり、インフォーマル・サービスを受けている児童（40％）のほうが多い。松本はその理由として、①ニュージーランドでのフルタイムワークとは週30時間以上を指すこと、②フレキシブルに勤務できる職場が多いく、残業もほとんどないこと、③小学生の子どもを持つ母親の4割はパートタイムであることを挙げている（松本、2014）。

7. まとめ

　本章では、オーストラリアの学童保育の概要について説明した後、2件の視察内容も含め、利用する親側の視点に立って、低い利用率の原因について考察してきた。

　小学生の時期に人間は大きく成長するので、小学生の低学年と高学年では遊びや興味に差がある。学童保育はどちらかというと低学年に焦点を当てており、高学年のニーズには合っていないものであると言える。また、高学年は一人で帰宅し留守番もできる年齢でもあるので、親も罪悪感を抱きつつも、そうさせてしまっている場合もあった。利用料が高額であることは、しばしば低利用率の理由に挙げられる。親も子どもの帰宅時間に合わせた働き方（パートタイムワーク、自宅勤務など）をしていることも理由であろう。

　とはいえ、筆者が視察したような良質な学童保育は、あまり多くはなく、

点在している。ファミリー・デイケアは定義的にはフォーマル・ケアの学童保育と見なされているが、一般的には学童より乳幼児に適しているケア施設である。このように、高学年も対象とした適切な学童保育施設が増え、せめて小学校2～3校に対し1か所存在するようになれば、学童保育利用率の上昇に貢献すると考える。

初出 「ニュー・サウス・ウェールズ州シドニーのウィロビー地区と、ウェスタン・オーストラリア州パース地区の学童保育視察報告――オーストラリアの学童保育：その利用率の考察」『オーストラリア研究』第28号　2015年3月に加筆訂正

付記
① シドニー在住の谷千代子さんには貴重な学童保育観察のお話を賜った。ここに謝意を表する。
② 写真はWCCカードを除き、全て筆者が許可を得て撮影したものである。シドニーの施設については、当時のスタッフに将来的に出版物に掲載する可能性も含めて承諾いただいている。パースの施設についても、掲載について了解を得た。

注
1) これは先生が事務処理を集中して行う日で、学校は開いているが授業は行われず、生徒は登校してもしなくてもどちらでもよい。
2) 日本のこの当時の学童保育は3年生までしか利用できないところが多かったので正しく比較することはできない。
3) ここでいう大人とは18歳以上の者を指すので、17歳以下の兄や姉が家にいる可能性はある。

参考文献
Australian Bureau of Statistics (ABS). 2007, *Article: Before and /or After School Care* Cat.no.4102.0　Canberra : AGPS.
―――, 2008, *Childhood Education and Care, Australia, June 2008 (Reissue)* Cat. No. 4402.0 Canberra : AGPS.
―――, 2010, *Australian Social Trends 2010,* June 2010 Cat. No.4102.0 Canberra : AGPS.
―――, 2012, *Childhood Education and Care, Australia June 2011,* Cat. No.4402.0 Canberra : AGPS.
―――, 2015, *Childhood Education and Care, Australia, June 2014,* Cat. No.4402.0 Canberra : AGPS.
Australian Child Education and Care Quality Authority（ACECQA), 2012,
http://www.acecqa.gov.au/Working-with-children-over-preschool-age

（最終アクセス日2015年1月20日）
Australian Government, 2006, Department of Education, Employment and Workplace Relations. *2006 Census of Child Care Services*.
Baxter, Jennifer, 2013, *Child care participation and maternal employment trends in Australia*, Australian Government, Australian Institutes of Family Studies, Research Report No.26.
Blaut ,J. & Stea,D. 1974, "Mapping at the age of three" *Journal of Geography*, 73, 5-9.
Brennan, Deborah. 1996, "Outside school hours care: a review of the Australian and international literature." Prepared paper for the Department of Health and Human Services. January 1996.
―――― , 1998, *The Politics of Australian Child Care: Philanthropy to feminism and beyond (Revised Edition)*, Cambridge University Press.
Cartmel, Jennifer, 2007, *Outside School Hours Care and Schools* PhD dissertation (Unpublished)
http://www.academia.edu/803028/Outside_school_hours_care_and_schools
（最終アクセス日 2014年9月15日）
Careforkids.com.au. Australia's online child care resource.
http://www.careforkids.com.au/ （最終アクセス日 2014年12月13日）
Chesterman , Clleen. & Ross-Smith, Anne. 2010, "Good Executive, good mother: contradictory devotions" Susan Goodwin & Kate Huppatz (eds.) *The Good Mother: Contemporary Motherhoods in Australia*. Sydney University Press. 25-50.
Council of Australian Government, 2012. *National Partnership Agreement on the National Quality Agenda for Early Childhood Education and Care*.
de Vaus, David, 2004, *Diversity and Change in Australian Families*, Melbourne: Australian Institute of Family Studies.
Dowd, F.S. 1991, *Lackkey Children in the Library and Community, Issues, Strategies and Programs*, Oryx Press, Phoenix Arizona.
Dowling, R., 2000, "Cultures of mothering and car use in suburban Sydney: a preliminary investigation" *Geoforum*, 31, 345-353.
Government of South Australia, 2010, *Home Alone Parenting SA No.32*.
Hand, Kelly. 2005, "Mothers' views on using formal child care" *Family Matters*, 70, 10-17.
―――― , 2008, "Mothers' Use of and Beliefs About Child Care for School Aged Children," Paper presented at the 10th Australian Institutes of Family Studies Conference, "Families Through Life", Melbourne, 9th-11th July, 2008.
Holloway,S.L,&Valentine,G., 2003, *Cyberkids: Children in the Information Age*. RoutledgeFalmer.
Karrebrock and Lewit, 1999, "Child indicators: Children in self-care" *The Future of*

Children, 9(2), 151-160.

Karsten, L., 1998, "Growing up in Amsterdam: Differentiation and segregation in children's lives" *Urban Studies*, (35) 565-581.

Kelly, P. Hood, S. and Mayall, B., 1998, "Children, parents and risk" *Health and Social care in the Community*, 6. 16-24.

Maushart, Susan, 1997, *Mask of Motherhood*, Random House.

Mullan, Killian, 2012, "School's out -- After-school's in" *Growing Up in Australia: The Longitudinal Study of Australian Children*, Australian Institutes of Family Studies Annual Statistical Report 2012.

Network of Community Activities, 2005, *OOSH Development Factsheet #12 Family- Handbooks*, Network of Community Activities, Surry Hills: NSW

―――. 2011, *OOSH Development Factsheet #14 FamilyInvolvement*, Network of Community Activities, Surry Hills: NSW

New South Wales Government, 2014,
http://www.dec.nsw.gov.au/what-we-offer/regulation-and-accreditation/early-childhood-education-care/faqs （最終アクセス日　2014年9月30日）

New South Wales Government, Department of Education and Communities , 2015,
http://www.dec.nsw.gov.au/what-we-offer/regulation-and-accreditation/early-childhood-education-care/workforce.（最終アクセス日　2015年1月20日）

Ochiltree, Gay, 1992, "Self Care for School Aged Children" *Family Matters* 33. 52-54.

Police & Community Youth Centres, 2013. *Kensington PCYC Out of School Care : Parent Handbook 2013*.

Rush, Emma. 2007, "Employees' views on quality" Hill, Pocock and Elliott (eds.) *Kids Count: Better early childhood education and care in Australia*, Sydney: Sydney University Press.

The National Outside School Hours Services Association, 2014
http://www.netoosh.org.au/noshsa/ （最終アクセス日　2014年12月19日）

Vered, Karen Orr. 2008, *Children and Media Outside the Home : Playing and Learning in After School Care*, Palgrave Macmillan: New York.

池本美香, 2009,「序章　日本の放課後の状態」池本美香（編著）『子どもの放課後を考える：諸外国との比較でみる学童保育問題』勁草書房, 1-21.

―――, 2009,「第5章　イギリス」池本美香（編著）『子どもの放課後を考える：諸外国との比較でみる学童保育問題』勁草書房, 90-108.

糸山智栄, 中山芳一, 2013,「Ⅲ学童保育を親の視点から考える」石橋裕子・糸山智栄・中山芳一著『しあわせな放課後の時間：デンマークとフィンランドの学童保育に学ぶ』高文研.

臼田明子, 2009a,「第7章　オーストラリア」池本美香（編著）『子どもの放課後を考え

る:諸外国との比較でみる学童保育問題』勁草書房, 124-140.
―――, 2009b,「オーストラリアの小学生の放課後対策〜学童保育を中心に」Business & Economic Review 2009年6月号, 79-91.
―――, 2014a,「オーストラリアにおける子どもの放課後支援」日本学童保育学会『学童保育』第4巻, 13-22.
―――, 2014b,「オーストラリア」松村祥子・野中賢治(編著)『学童保育指導員の国際比較』中央法規出版, 49-59.
岡元真希子, 2009,「第6章 アメリカ」池本美香(編著)『子どもの放課後を考える:諸外国との比較でみる学童保育問題』勁草書房, 109-123.
三枝麻由美, 2009,「第3章 スウェーデン」池本美香(編著)『子どもの放課後を考える:諸外国との比較でみる学童保育問題』勁草書房, 57-72.
高濱正文, 那須信樹, 2004,「オーストラリアにおける保育の第三者評価に関する研究(Ⅱ)」『日本保育学会大会発表論文集』(57), 350-351, 日本保育学会.
日経DUAL 2016年4月25日【新・放課後の過ごし方特集(1)】DUAL 先輩キッズの意外な放課後の実態
    http://dual.nikkei.co.jp/article.aspx?id=8301
長谷川有紀子, 2009,「第2章 ドイツ」池本美香(編著)『子どもの放課後を考える:諸外国との比較でみる学童保育問題』勁草書房, 42-56.
ポーコック・バーバラ, 2010, 中里英樹・市井礼奈訳『親の仕事と子どものホンネ』岩波書店.
松本歩子, 2014,「ニュージーランドの学童保育」『学童保育研究』14号, 2014.2, pp. 78-80.
松村祥子, 2009,「第1章 フランス」池本美香(編著)『子どもの放課後を考える:諸外国との比較でみる学童保育問題』勁草書房, 25-41.
渡邊あや, 2009,「第4章 フィンランド」池本美香(編著)『子どもの放課後を考える:諸外国との比較でみる学童保育問題』勁草書房, 73-89.

第7章　学童保育指導員の資格と業務内容

1．はじめに

　2008年、"My Time, Our Place"（私の時間、私たちの場所）という政府のビジョンが打ち出され、それには「子どもたちの人生、そして国にとって、よりよい未来が開かれるよう、全ての子どもたちに人生最高のスタートを切らせよう」と謳われている。その中で、保育に携わる人間は、「子どもの幸福と発達と学習を支援するプログラムを計画し、実行できる教育者であるべき」だとし、また、「子ども時代を豊かにする楽しくて意味がある学習をするための遊び（積極的に物や人、環境に関わって社会を理解する、など）を全ての子どもが経験する」ことが奨励された（Commonwealth of Australia, 2011）。こうした考えのもとで資格制度のあり方が検討された。
　そして、2012年1月1日施行の「教育とケアサービス国家法規」の第137規定により、新しい資格制度に切り替わった。州ごとに移行時期は異なったが、一番遅い州でも2014年1月1日であったので、2016年現在では全ての州で新制度に移行している。
　2016年1月1日からは、学童保育指導員になるには、「プリスクール児以上の児童のケアをする資格」が必要となった。プリスクール児とは3歳〜5歳児である。そして、国としてはその資格の基準は設けず、各州政府で基準を設けることになった。
　一方、Australian Childhood Education and Care Quality Authorityという教育と保育の質庁も、資格についてはチェックしているが、6州は独自に合計378の資格を公表している（ACECQA, 2015）。これは保育士の場合と同様、固有名詞で「○○学校で取得した△△という資格」といったよう

に名指しで指定されるものだ。オーストラリア国内の学校のみならず、国外の学校も含まれている。英語圏の学校が多いが、ロシアや南米の学校、日本の学校も2校入っている。

2．学童保育指導員の名称と資格

オーストラリアの学童保育（Outside school hours care）で働く指導員には基本的には3種類の名称がある。責任者が「コーディネーター」、その補佐的存在が「アシスタント・コーディネーター」、その他は「アシスタント」である。

新制度により呼称が変わり、施設長（責任者）が「ノミネイテッド・スーパーバイザー」、その補佐的存在が「エデュケーター」、その他は「ジュニア・エデュケーター」となった。しかし、新呼称はまだあまり社会に浸透しておらず、古い呼称が使われることのほうが多い。

新旧制度とも、学童保育指導員として認められている基本資格は下記の3種類である。

（ア）Diploma of Children's Services
（イ）Certificate Ⅳ in Children's Services
（ウ）Certificate Ⅲ in Children's Services

ノミネイテッド・スーパーバイザーは（ア）か（イ）が必須、加えて3年以上の実務経験が必要となる。エデュケーターは（イ）が必須、ジュニア・エデュケーターは（ウ）が必須である。いずれも学童保育を専攻していることが望ましい。

この資格要件は、夏休みなどの長期休暇中の子どものケアであるバケーションケアにも適用される。

また、これらは最低基準であり、より高い学位である学士や修士（保育学関連）を持っていれば、もちろん学童保育指導員として働くことができる。

新しい資格では、約1年で取得できるCertificate Ⅲと約2年で取得でき

るDiplomaの専攻の幅が広がっている。従来の学童保育はもちろん、小学校教育、中学校教育、若者学、若者と仕事論、レクリエーション学、体育学、心理学、福祉学、看護学、養護教育学、教育学、科学、宗教学、アート＆デザイン学、先住民俗学、コミュニティ・サービス学などが対象となった（ACECQA, 2015）。学童保育指導員のバックグラウンドが多様化することは、子どもたちにとって有形無形のよい影響を与えると思われる。

3．養成期間と授業内容

　資格取得にかかる時間は、一例を挙げると、（ア）はトータルで1,390時間、（イ）の場合は713時間である（One World for Children Pty Ltd, 2012）。ただし、（ア）は（イ）を取得していることが前提条件である。

（ア）Diploma of Children's Services (Outside school hours care)
　　必修科目
　　・子どもたちに安全で健康的な環境を提供し、それを維持する。
　　・児童に身体的発達及び社会的発達をもたらす。
　　・子どもの情緒面、心理面の発達をサポートする。
　　・子どもの認識面の発達を育む。
　　・連邦基準の遵守と保育の質が維持できるよう職場を管理する。
　　・全員が協調的に行動できるよう計画する。
　　・特別な支援が必要な子どもも一緒に楽しめる遊びを考える。
　　・施設の方針をよりよいものに刷新する。
　　・施設のプログラムと日常の子どもの世話を見直し、評価する。
　　・子どもの親たちと協力して子どもたちに適切なケアを提供する。
　　選択科目
　　・子どもたちの審美眼や創造性を育む。
　　・子どもの心身の発達を促すような体験への誘い方を考える。
　　・子どもたちの家族とより良好な関係にすべくサポートする。
　　・先住民であるアボリジニやトレス・ストレート諸島のコミュニティの

活性化に働きかける。
・コミュニティの情報に即応する。
・職場でのリーダーシップの発揮のし方。
・食の安全が保たれているか監視する。
　（Australian Child Care Career Options, 2012）

（イ）Certificate Ⅳ in Children's Services(Outside school hours care)
　　必修科目
・危険な状態にある子ども（含む若者）の理解と対処。
・子どもたちの健康と安全の確保。
・安全で衛生的な環境での栄養バランスのとれた食事の配給への貢献。
・関係ある法律やその倫理的枠組み。
・子どもたちの心身の発達と促進。
・子どもたちの学童保育参加を支える。
・遊びで子どもたちを発達させる。
・学童保育で効果的に子どもたちと接する。
・子どもたちの遊び支える経験を積み、学ぶ。
・応急処置を行う。
・文化的に多様な子ども、親、同僚などと仲良くする。
・健康的で安全な職場環境促進に貢献する。
　　選択科目
・子どもや若者をサポートする行動。
・電子教材の使い方。
・子どもたちの言語能力やコミュニケーション能力を育む。
・特別な支援が必要な子どもも一緒に楽しめる遊びを考える。
・文化的、宗教的多様性にあった食事のメニューを考える。

（ウ）Certificate Ⅲ in Children's Services
　子どもへの接し方、保育全般の規則や施設の規則、絵本の読み方、童謡、子どもの観察方法、記録の取り方など広く浅く学ぶ。およそ1年（実質8

か月）間で取得できる。

「Certificate Ⅲ」を取得できる前提条件
・中等教育（Secondary Education, 日本の中学校に相当）を修了していること。
・年齢は16歳以上であること。
・州警察発行の「犯罪履歴書」を提出すること。
・「子どもと働く許可証」（Working with Children Check）を提出すること。
・教育機関によっては面接と筆記試験がある。
・場合によってはIELLTSテストを受験のこと（平均5.5以上）。
・職業柄、子どもを抱き上げるなどの行為に支障のない身体であること。

取得期間
　教育機関（主に専門学校やオープンカレッジ）によって異なるが、日中通学のフルタイム学生で半年から1年、通学パートタイム（夜間のみ通学など）学生で1年〜2年、その他、通信教育でも取得できる。ただし、いずれにせよ、下記の教育実習は必修である。

授業科目
・14〜15単位の修得が必要（学校によって多少内容が異なっていたり、また必修と選択科目に分かれている場合もある）。特に下記、授業内容の①〜⑪はどの教育機関でも必須のようだ。
・その他に120時間のオーストラリア国内の認定された（子どもに関した）施設での教育実習が必要である。

授業内容（573時間）

①	子どもとの効果的な交流	70時間
②	子どもの世話	70時間
③	子どもの健康と安全の確保	60時間
④	危険な状態にある子どもや若者の発見と対応	30時間

⑤	子どもの興味と発達に必要なことへの理解を深める	20時間
⑥	子どもの発達への支援	45時間
⑦	子どもたちに経験を通じて遊びや学習に生かすよう働きかける	40時間
⑧	応急処置法の習得	18時間
⑨	安全で健康的な職場環境整備への貢献	20時間
⑩	栄養バランスがとれた食事を安全で衛生的に提供できるよう貢献する	20時間
⑪	関係法規と倫理枠組の習得	50時間
⑫	多様な仕事の人的環境（人種、宗教、性差）に効果的参加しよう	20時間
⑬	子どもや若者の行動を支援しよう	45時間
⑭	子どもの世話のために子どもの家族と効果的に交流しよう	25時間
⑮	赤ちゃんの世話	40時間

資格取得にかかる費用

　ある学校の例では、一括払いでは1860豪ドル≒170,543円であった（1円＝91.69円豪ドル 2013年1月4日の三菱東京UFJ銀行為替レート仲値で算出）。

取得に必要な事項

　テスト、レポート、授業態度、ディスカッションへの参加度合い、教育実習などで総合評価される。また、必要な応急処置法も習得することが条件になっている（Accco, 2016: Open Colleges. 2016）。

取得後の進路

　「CERTIFICATE Ⅲ」で就けるのは学童保育の場合、アシスタント指導員である。

　その他、保育園でもアシスタントとして働くことができ、ファミリー・デイケアを自宅で開業できる。

◎すでに無資格で働いている人の場合

　週平均15時間、子どもサービス関連の施設で働いている人は、よりフレキシブルな方法で資格が取得できる。トレイニー生として働けば、修得単位数も軽減される。

　この場合は、フルタイムで半年間、2週間に1日授業に出席すればよい。また、こういった学生のために、夕方からの授業や土曜日・日曜日の授業も用意されている。さらに、教育実習の時間数は今まで働いた時間で補充できる。

（エ）安全面での資格
＊「子どもと働く許可証」（Working with Children Check）
　学童保育指導員に固有の資格ではないが、その他に必要な資格として、州の司法省や州警察が行うWork with Children Checks（WCCと略される）にパスする必要がある。全ての州と準州で実行されており、少しでも子どもに関わる仕事に就く場合に必要となる。パスした人には許可証が渡される（写真参照）。

　この許可証は、その人物の過去のオーストラリア国内での犯罪歴を調べ、特に子どもへの犯罪、性犯罪、暴力、違法薬物使用があれば与えられず、学童保育で働くことはできない。なお、このチェックは適応範囲が広く、スポーツ教室のコーチや学童保育でボランティアとして働く場合や学童保育の送迎バスドライバーとして働く場合にも必要である。有効期間は5年間で、延長もできる。WCCにパスした後に罪を犯した場合は、警察により再考査される。

出典：Western Australia州のHP

＊応急処置系（①応急処置②喘息対応③アナフィキラシーショック対応）

　以前の連邦基準では、応急処置の資格保持者が施設に最低一人は必要とされていた。応急処置の資格にはレベル１とレベル２があり、レベル１は６時間の講習で取得するのに90豪ドル（１豪ドル＝83.14円、2012年８月９日時点[1]）かかる。レベル２は丸一日15時間か２日間で選択でき、110豪ドルかかる。

　全豪では上記に加え、2014年１月より、喘息の対応術とアナフィラキシーショック（全身かつ重度の過敏症アレルギー反応の一つで、生死に関わる場合もある）の対応術を学んだ者を最低一人以上常駐させなければならなくなった。

　アナフィラキシーショックの対応法は、AnapenもしくはEpiPenという筋肉注射の使用の技術で、研修を受ければ一般人でも打てるようになる。もちろん、最善の対応は救急車を呼び、医者に診せることであるが、この方法は救急車が到着するまでの即時の治療として有効である。この資格は２時間の講習で取得でき、３年間有効だが、１年ごとに研修を受講しなくてはいけない。そして有効期限内のAnapen等を園内で保存しておく必要がある。

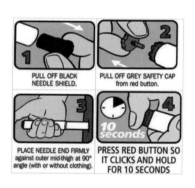

◀筋肉注射の打ち方
(Kids Health the Children's Hospital at Westmead, 2012)

　これらの医療関係の研修は赤十字社や州政府の組織が市民に対し、頻繁に講習を行っている。

　年齢は、学童保育指導員は18歳以上であることが条件である。

4．学童保育指導員の業務

＊業務内容

「ノミネイテッド・スーパーバイザー」（旧制度では「コーディネーター」）

　学童保育、またはバケーションケアを運営する総責任者である。ライセンス登録制度、認証制度、ケアの義務などの必要な事項も含めて、教育的プログラム管理や計画、実行も行う。子どもの安全管理、建物の管理、食べ物と飲み物の管理、薬の管理、昼寝と休憩、遠足、スタッフ管理が主な業務である。

「サーティファイド・スーパーバイザー」

　新制度ではノミネイテッド・スーパーバイザーの不在時に代わりの責任者として、各施設で数人必要だとされている。ただし、責任の重さはノミネイテッド・スーパーバイザーより軽い（South Australia Government, 2012）。

「エデュケーター」（旧制度では「アシスタント・コーディネーター」）

　学童期の子どもの就業前、放課後のケアのみならず、長期休暇中のケアも担当する。遊びの計画を立て実行する。子どもたちがレジャーや遊びに加われるように促進し、発達上の結果を出せるようにする。施設長「ノミネイテッド・スーパーバイザー」の下で指示に従ってもよいし、自律的に行動することもできる。またボランティアや他の職員が来た場合は指導することもできる。そのほか、子どもたちの様子についてのレポートを書く。

「ジュニア・エデュケーター」（旧制度では「アシスタント」）

　指導者の下で指示に従って働く。

＊指導員一人あたりの担当子ども数

　旧制度では、平常時は児童15人に対し最低限1人のスタッフ、遠足時は児童8人に対し1人、水泳時は児童5人に対し1人を配置することが求められる比率であったが（New South Wales Government, 2012）、2014年か

らの新制度では、児童数に対するスタッフの比率はより高めのものとなった。つまり、手厚く見守る分には改善された。また、新制度では、その基準を満たした上で各施設で適切と考える人数比率でよいことになり（South Australia Government, 2012）、各施設の自己責任の度合いが増している。さらに、新制度では配置基準の設定が連邦政府ではなく、各州に委ねられた。

5．勤務場所、勤務時間

所属機関

　コミュニティ、非営利団体、私立小学校専属、教会、営利団体など、まちまちである。

平均勤務時間

　明確なデータは見つからないが、求人広告から察すると、14時〜18時まで、1日4時間勤務で週（5日）あたり20時間勤務が一般的なようだ。オーストラリアには、パーマネントパートタイマーという働き方があるので、そのニーズにも見合うものだと思われる。

6．待遇

給与

　チャイルドケアラー全般が加入している労働組合United Voiceによると、ケアラー平均の時給は18.06豪ドルである。ただし、これは保育士も込みのデータで、学童保育指導員単独のデータはない。

　また、ケアラーは給料が安いため、全国で1週間に180人もが離職している（United Voice, 21/June/2012）。求人広告などで見る限りでは、施設長であるノミネイテッド・スーパーバイザー（旧コーディネーター）で時給約26豪ドル（2,063円、1豪ドル79.35円で算出、2016年5月28日の三菱東京UFJ銀行仲値、以下同）、エデュケーター（旧アシスタント・コーディネー

ター）で時給約22豪ドル（1,746円）である。オーストラリアの最低賃金は時給16.87豪ドル（約1,339円）である（Fair Work Ombudsman Australian Government, 2016）から、低い給与だと言えよう。

ただし、応急処置の資格を持っていると、週給に23豪ドル、上乗せされるようだ。

7．学童保育所の組織体制

運営主体

クィーンズランド州の2013年の調査では、州が認可する学童保育は703か所あった。運営主体を見てみると、77％がコミュニティ、14％が営利団体、5％が私立小学校、3％が非営利団体であり、1％が州政府の直営となっている（Queensland Government, Department of Education, Training and Employment, 2013）。

補助金

オーストラリア政府は、学童保育の所在地を都会、都市近郊、過疎地の3段階に分け、一日の平均利用者数も考慮して補助金の額を算出している。都会であれば補助金が少なく、地方で過疎化が進んでいる場所だと補助金は多い。都会度の3段階の判定は毎年連邦政府が見直ししている（下表参照）。

学童保育のタイプ	都市部	都市近郊	過疎地・遠隔地
午後のみの開所の学童保育	$2,265	$2,719	$2,946

一日の平均利用者数	都市部	都市近郊	過疎地・遠隔地
1.0未満	0	0	0
1〜20人	$9,630	$11,557	$12,520
21〜30人	$4,815	$5,777	$6,260
31人以上	0	0	0

出典：Australian Government, Department of Education, Training and Workplace Relations, 2012.

補助金が0になっている施設は、利用者数が少なすぎて採算がとれない場合は、経営自体を考え直すよう促していると考えられる。また、31人以上、利用者がある施設では、保育料だけで賄って行けると考えられているからであろう。

人的組織（責任者、指導員以外のスタッフ）
学校から学童まで送るバスの運転手、臨時に事務員などを雇っている施設もある。

プログラム（1日・週単位・年単位）
オーストラリアの基本は自由保育であるが、新制度では、より児童一人ひとりの興味や発達に合った遊びを提供することになっている。

ボランティアの導入等
普段からスタッフが休暇を取るときなどには、ボランティアを活用している。夏休みなど、長期休暇時のバケーションケアで人手不足の解消のためにスタッフを募集すると、ボランティアや短期間労働者が多く集まりがちで、保育の質は必ずしもよいとは言えなくなる面もある。

8．学童保育指導員数

2011年7月1日時点で学童保育の質保証協会に認定された学童保育施設は全豪で3,575か所あった（Outside School Hours Care Quality Authority, 2011）。

唯一、クィーンズランド州が独自に信頼できる統計を取っていたが、それによると、2009年調査時点で州内に調査に回答した528か所の学童保育で3,385人が働いており、内訳は16％がコーディネーター、8％がアシスタント・コーディネーター、76％がアシスタント、となっている。また、その他に84名を事務員や助手などとして雇っていた。しかし、コーディネーターの60％、アシスタント・コーディネーターの65％、アシスタン

トの37％だけが適正な資格を取得していた。

　実際には、不適正の資格か、または無関係の資格で働いている人も少なくない。州政府もこの現状を認識しているので、適した資格をまだ持たずに働いている者には取得を呼びかけている。そのうち76％は資格取得に向けて勉強中であると答え、その他も努力中と回答していた（Queensland Government, 2009a）。したがって、「鋭意資格取得中」という名称の資格が新たに設けられた。

　なお、クィーンズランド州の人口は調査年の2009年時点で4,279,411人（Queensland government, 2009b）である。

9．まとめと今後の展望

　ほとんどの州で、児童虐待への心配から、学童保育指導員の犯罪歴をチェックする制度を設け、応急処置の技術習得を義務づけるなど、安全面への高い配慮がなされている。医療知識や医療関連の資格も各施設で独自に習得・取得に努めており、児童の健康の保持に注力している様子で、この点は高く評価されよう。また、児童一人ひとりに合わせた教育的プログラムになったことも効果が期待できよう。

　また、資格の取得方法が多様でフレキシブルなので、資格を取りたいと希望する者に好意的な面も評価できる。

　さらに、8州中6州が新たな資格を増設しているが、それらは以前より、幅広い学問領域の知識を必要とするものだ。このことは、子どもたちに多様なよい刺激を与えるだろう。

　待遇面も、保育に携わる人々の低賃金の問題を重く見たギラード元首相が保育団体の労組United Voiceの賃上げ要求の署名運動に自らサインし、「担当大臣とともに努力する」と答えた（United Voice, 13/July/2012）ので、今後は改善が期待できそうだ。

　筆者は、2012年に日本の学童保育指導員の資格化に関する厚生労働省の仕事をした。それは、日本には学童保育指導員の資格がないので、策定

するにあたり諸外国の例を参考にしたいので調査して欲しいというものであった。調査報告後、厚生労働省は韓国とオーストラリアには比較的簡単に取得できる資格があったため、それらに大変興味を示した。そして、筆者には、このCertificate Ⅲ（サーティフィケイト3）について、より詳細に報告するよう依頼があった。

　筆者は調査内容を報告したが、厚労省のこうした興味の持ち方に一抹の不安を感じた。なぜなら、このCertificate Ⅲという資格は、オーストラリアの学童保育では、指導者の監督下でのみ働くことができるものだからだ。どのような意図があってそのような依頼をされたのかは分からないが、日本の学童保育にも、充実した資格制度を作り、適正な資格取得者を配置することを切に望みたい。

初出：「オーストラリア」『学童保育指導員の国際比較』松村祥子・野中賢治（編）中央法規出版　2014年

注
1）　2012年8月10日付三菱東京ＵＦＪ銀行豪ドル相場仲値。
2）　但し、このカードをボランティアで参加するために取得する場合は無料である。
3）　Anapenの中身はエピネフィリン(epinephrine)こちらの名称が国際的に使用されているが，米国ではアドレナリンと呼ばれている。

参考文献
Accco, 2016. http://www.accco.com.au/courses/certificate3/
　　（最終アクセス日　2016年1月5日）
Australian Child Care Career Options, 2012,
　　http://www.accco.com.au/courses/diplomaoshc/（最終アクセス日　2015年8月7日）
Australian Child Education and Care Quality Authority, (ACECQA), 2015,
　　http://acecqa.gov.au/qualifications/working-with-children-over-preschool-age/
　　（最終アクセス日　2015年7月7日）
Australian Government Department of Education, Employment and Workplace Relations, 2012, *Child Care Service Handbook 2011-2012* Appendix4
Commonwealth of Australia, 2011, *My Time, Our Place*.

FairWork Ombudsman Australian Government, 2012,
 http://www.fairwork.gov.au/pay/national-minimum-wage/pages/default.aspx
 （最終アクセス日　2015年6月25日）
Kids Health the Children's Hospital at Westmead, 2012,
 http://kidshealth.schn.health.nsw.gov.au/fact-sheets/allergy/anapen-use?print&colour&sch%27,%27Factsheet%27,%27status=yes,toolbar=yes,location=no,directories=no,menubar=yes,scrollbars=yes,resizable=yes,copyhistory=yes
 （最終アクセス日　2015年7月15日）
New South Wales Government, 2012, *National Standards for Outside School Hours Care*
 http://www.northsydney.nsw.gov.au/resources/documents/National_Standards_for_Outside_School_Hours_Care.pdf　（最終アクセス日　2015年6月22日）
One World for Children Pty Ltd, 2012, http://www.owfc.com.au/Training.asp?_=Funding%20and%20Fees
 （最終アクセス日　2015年7月15日）
Open Colleges, 2016, http://www.opencolleges.edu.au/community-services-courses/certificate-iii-childrens-services.aspx.　（最終アクセス日　2016年1月5日）
Outside School Hours Care Quality Authority, 2011, *Trends Report 1 January 2011-30 June 2011.*
Queensland Government, 2009a, *Early Childhood Education and Care Services Census 2009 fact sheet.*
Queensland Government, 2009b, Queensland Economic Review January 2009
 http://www.oesr.qld.gov.au/products/publications/qld-econ-review/qld-econ-review-200901.php
 （最終アクセス日　2015年6月25日）
Queensland Government, Department of Education, Training and Employment, 2013. *Early Childhood Education and Care Services Census 2013.*
South Australia government, 2012, OSHC Bits, No.1, March 2012.
United Voice press release (Early Childhood), 2012年6月21日
United Voice press release (Early Childhood), 2012年7月13日
Western Australia Government, 2012,
 http://www.checkwwc.wa.gov.au/checkwwc（最終アクセス日　2012年7月1日）

Column

オーストラリア式育児 こぼれ話

　筆者がオーストラリアの育児書を読んだり、育児番組を見たりするなかで、面白いと感じたり、日本人にも参考になると思われる事柄、そのほか本文では取り上げられなかったものをいくつか紹介しよう。

*人気評論家、マイケル・グロース
　オーストラリアで人気の子育て評論家、マイケル・グロース。テレビ番組にレギュラー出演しているし、著作もよく売れている。人気の秘密は、親に同情的な姿勢をとっていることであろう。ただし、小学生から思春期くらいの男の子について語ることが多い。

*卵が12個の話
　もし、今何らかの事情で、家に食べ物が12個の卵しかないと仮定しよう。その場合、どのように卵を分配するか？
　グロースは次のように言う。「家族の中で一番、（皆の）世話をしているあなたが6個食べなさい。まず、自分が栄養をとり、充分にエネルギーを蓄えて、家族の世話をしてあげなさい。子どもはいずれあなたのもとを巣立ちます」。彼は、このように、子育てをする自分が1番、配偶者は2番目、子どもは3番目でよいという。
　いつも、子ども（や家族）優先で行動しているだろうから、時には自分優先でよいと伝えることで親の育児への負担感を軽くしている。

*家族会議のすすめ
　最近、日本で聞かれなくなった言葉の一つに「家族会議」がある。

グロースは、子どもが5歳になったら、この家族会議を2週間に一度、9分以内で行うのが望ましいと言っている。議長は同じ人がするのではなく、家族全員が交代で務めるとよい、としている。
　家族は対等という意識を子どもに持たせるためだ。

＊時には子どもに習おう
　親は、いつも子どもに指示するばかりでなく、時には子どもを先生にして学ぼうということをグロースは提案している。今流行っていること、例えば、芸能界の話題でも、ゲームでも漫画でもよいので、子どもに教えてもらうことが奨励される。親子の力関係を逆にすることで、時には子どもにも優越感を味わわせようということかもしれない。

＊時には怒鳴ってもよい
　日本で人気の教育評論家・親野智可等(おやのちから)はその著書の中で、例えば、「自分を知って、感情をコントロールしましょう」とか、「兄弟、姉妹は決して比較しないように」と言っている。これらはグロースとも共通する点でもあるが、決定的に異なる点がある。
　親野が、「褒めて育てよ。子どもが伸びるのはその一点につきます」と断言しているのに対して、グロースは「子どもに時には怒鳴ってもよい」と明言しているのだ。怒鳴った後で「さっきは怒鳴って悪かったね。最近疲れが溜まっていたから」のように謝ればよいという。
　子どもにとっても、怒られることで「人が怒る限度」を知るチャンスとなり、「親だって人間なのだ」ということも同時に学べるのだ。

＊親自身も精進せよ
　グロースは、観劇やコンサートに行ったり、友人夫婦と食事をするなど、夫婦でできることを、毎週木曜日や毎月第二火曜日などのよう

に日にちを決めて行うことを勧めている。「見聞を広めることに努め、仕事だけではない面白い親になれ」というのがその趣旨である。

*「褒めて育てる」のは古い

オーストラリアでは、「褒めて育てるのは古い」と言われることが多い。子どもはすぐに褒められることになれてしまうからだという。

そもそも、筆者には別のひっかかる点があった。つまり、我々親の世代がそれほど褒められて育っていない。なのに、自分の子どもをたくさん褒めるように言われても抵抗があるのだ。現代は、親が子どもを褒める基準点が下がったと思う。試しにわが子をたくさん褒めてみるのだが、どこか演技っぽく、嘘くさいと自分で感じてしまうため、違和感を抱くことが多かったのだ。

オーストラリアでは、「褒めて育てる」の代わりに、「励まして育てる」ことが奨励される。「褒める」が、どちらかと言うと「結果」に対しての行為であるのに対し、「励ます」は、「プロセス」に対しての行為である。例えば、子どもの絵画が学校で低い評価をもらってきても「ママはこの色が好きだわ」とか、「なんで太陽を緑色にしようと思ったの？　素敵な感性ね」のように褒めてあげるとよい。

*「すべての子どもは専門家です」

オーストラリアの育児書によく出てくるフレーズが、「すべての子どもは専門家です」。さて、何の専門家だろう？　正解は、「あなたを観察する専門家」。子どもは常に親の行動を見ていて真似をする。だから、親は自分の行動には気をつけなくてはいけないということだ。

*本でよく見かけるストレス解消法

「（育児で）イライラしたら、近所を散歩せよ」。散歩は、セロトニン

とドーパミンが分泌されてよいという。ちなみに、ドメスティック・バイオレンス防止のパンフレットにも同じようなことが書いてある。

＊　　　　＊　　　　＊

　このように、オーストラリアの場合は、子育て中の親へのアドバイスは、一見、親の味方に立った楽なものに見える。
　例えば、「時々は子どもをベビーシッターに預けて、夫婦だけで食事をしなさい」とか、「自分がリラックスできる時間を必ず毎日作りなさい」などだ。
　しかし、いろいろな本を読み進めていくと、実はもっと奥が深い育児の教義であることにも気づく。
　要は、「親も休息を取った上で、子どものために十分なエネルギーを注ぎ込んで育児をせよ。そしてベストな親であれ」というのだ。単に息抜き、手抜き育児を奨励しているわけではないのだ。
　「夫婦が対等で、仲良くしている様子を子どもに見せなさい。親が一生懸命に生きている様子を子どもに見せなさい。子どもとコミュニケーションをよく取りなさい」というアドバイスも、一見簡単そうではあるが、やってみようとすると、実は難しいものである。
　子どもが最も影響を受ける大人は親である。日本にも「子は親の背中を見て育つ」という言葉があるが、育児書ではあまり強調されていないように感じる。ただ、育児書云々を言う前に、日本では、残念ながら読書をする親が約２割しかいない（社団法人日本PTA全国協議会、2013年）。このあたりから、育児を見直す必要があるかもしれない。

参考文献
Grose, Mickael. 2010, *Thriving!* Random House Australia
親野智可等、2004、『『親力』で決まる！子どもを伸ばすために親ができること』宝島社
社団法人日本PTA全国協議会、2013、「子どもの教育：あなたの思い」

第8章　中高生の放課後施設（ユース・センター）

1．はじめに

　2007年2月、ユニセフが先進国の子どもたちの幸福度調査結果を発表した。日本は「孤独を感じる」と答えた15歳児の割合が29.8％と突出して高い1位（2位のアイスランドは10.3％）であることが同報告書でも強調された（UNICEF Innocenti Research Centre, 2007）。これについて古荘は「自分の居場所がないように感じている子どもが増えており、これが孤独感の強さに現れている」（古荘、2009：13）という。

　国内の調査では、日本の中高生（中2・高2）の自己肯定感は小学生（小5）と比べて低く、「今の自分が好きだ」と答えたのは4人に1人である（国立青少年教育振興機構、2010：6）。また、日本においてニートやひきこもり等の困難を抱える若者の問題も社会的注目を集めている。

　そのような事情を反映して平成21年7月に子ども・若者育成支援法（平成22年4月1日より施行）が成立した。これは教育、福祉、雇用等の関連分野における子ども・若者育成支援施策の総合的推進と、彼らへの支援を行うための地域ネットワークづくりの推進を図ることの2つを主な目的としている。この法は行政の縦割りを超え、総合的な支援を実施することが目的であり、地方公共団体が困難を有する子ども・若者への支援を部局横断的に企画立案することを促すものである（内閣府「子ども・若者支援地域協議会運営方針に関する検討会議」、2010：1）。そのために日本でもユースアドバイザーの養成に努めることになった。内閣府のホームページによると、この制度を考えるに至ったのには、彼らが過去に海外の先行事例を研究した旨が述べられている。特に複雑な困難を抱えた若者の場合、一専門

機関の支援だけでは効果が上がらず、複数の機関の連携が必要と考えられている。その点で海外の事例に学ぶことがあると述べられ、ユースアドバイザー育成プログラム（改訂版）にはオーストラリアの事例が紹介されている（内閣府政策統括官、2010）。

　本章では、オーストラリアの若者育成に提供されているコミュニティでのサービスやプログラム等の詳細を追い、なぜサービスが豊富なのか、その理由を考察する。一般的に北欧諸国や英米、フランスの事例は多く紹介されているが、オーストラリアのものはまだ少なく、研究する意義があると考える。ここでは、筆者が実際に居住したニューサウスウェールズ州（以下NSW州と略）のシドニー近郊のウィロビー市のケースについて述べる。また、2014年8月に西オーストラリア州パース市の中高生の放課後施設も視察したので、それについても主に写真で紹介する。

　まずはオーストラリアにおける若者の生活状況をとらえ、次に、ウィロビー市の若者への取り組みに続き、全豪的な若者育成の例も3件紹介する。その後にサービスが豊富な理由を考察した。

　なお、ここでは若者とはオーストラリアの中等教育の学生である12歳〜17歳を中心に、10代に焦点を当てている。

2．オーストラリアの若者の生活状況

家庭状況

　オーストラリアの国勢調査によると、家庭の状況については冒頭の基本情報で見たが、末子が15歳〜24歳の学生である家庭に限ると、共働き家庭は75％を占める。同じく末子が15歳〜24歳の学生である母子家庭では71％の母親がフルタイムで就労している（Australian Bureau of Statistics以降ABSと略, 2008）。

学校教育状況

　学校教育制度については州政府が学校行政の権限と責任を保持している。高等教育以外は国内では統一されておらず、州によって異なるが、1年の

準備教育と6年～7年の初等教育、5年～6年の中等教育に分かれている。義務教育は6歳～15歳までであり、1学年～10学年の修了までである。大学など、高等教育への進学を希望する場合は、後期中等教育（11学年～12学年）を受け、修了試験に合格しなくてはならない。今回対象としているNSW州では1年間の準備教育の後、6年間の初等教育、4年間の中等教育と2年間の後期中等教育からなる（佐藤、2001）。この2つの中等教育の学齢が12歳～17歳で、日本の中高生に相当する。

　NSW州の2007年の後期中等教育の最高学年（Year12）残留率は公立校と私立校の総計で69.7%である（NSW Department of Health, 2008）。したがって17歳の約3割は学生ではない。就労についてはNSW州ではパートタイムの仕事であれば、特に法的に年齢制限は設けられていないので、中等教育の学生は放課後にアルバイトをすることができる。ただし、15歳未満で学校を中退してフルタイムの仕事に就く場合は州政府の教育訓練部門の許可が要る（NSW Government Industrial Relations, 2010）。

スポーツや習いごとの参加状況

　伝統的にオーストラリアでは若者は平日には学校でスポーツをし、週末には地域のスポーツクラブに参加する。特に後者は若者の社会面や肉体面、および文化面での発達を促すだけでなく、その地域の人々と若者のつながりを強め、彼らの地域住民としてのアイデンティティ形成に貢献している（Light、2008：17, 73）。調査によると5歳～14歳児童の63%が学校の授業以外でスポーツに参加していた。しかし、NSW州ではスポーツ参加には男女差があり、男子は約7割いるが、女子は約半数である。種目別に見ると、男子ではサッカーが一番多く20%、水泳が17%、オーストラリアン・ルールズ・フットボールが16%の参加率であった。女子では1位が水泳で20%、ネットボールが17%の参加率であった。以上が組織だったスポーツとしてデータに載っているが、実際にはダンスも女子に人気で26%の女子が行っている（ABS, 2010）。スポーツを行っている児童の半数は平均で年に52回以上行い、中等教育の生徒になると平均で週に3.5時間参加している（ABS, 2006）。

文化的活動では、33%の者が文化的活動（楽器の演奏、歌、ダンス、演劇）のうち一つ以上に参加し、その多くはこれらのレッスンを受けている。しかし、スポーツにも文化的活動もしていない者（12歳〜14歳）も25%存在する。非英語圏からの移民やひとり親の家庭の児童、そして失業中の家庭の児童は、そうでない児童に比べて参加していない傾向が高かった（ABS, 2006）。以上を鑑みると、母親の就労率が高いオーストラリアでは、特に習いごとやスポーツに参加していないこれらの児童の放課後の過ごし方は重要課題の一つであろう。

3．ウィロビー市の取り組み

市の概況

　本章で研究対象としているウィロビー市は、シドニー中心部の北約10キロメーターに位置し、ビジネス地区も含む中規模の都市である。面積は23平方キロメーター（そのうち11平方キロメーターは森林地帯と公園）で、人口は約7万人である。1989年に市に昇格した（Willoughby City Council, 2010a）。その中で、2006年の人口調査では、本章の研究対象となる12〜17歳は4,036人で、市の全人口6万3,726人の6.3%を占める（Willoughby City Council, 2010b）。

連邦政府、州政府の若者サービスへの取り組み

　ウィロビー市があるNSW州政府の取り組みとしては、若者へのサービスはコミュニティ・サービス部門が担当している。その部門の説明によると、「我々は子どもと若者の幸福を促進し、より強い家族とコミュニティを作るよう努めています。そのために様々なサービスを提供しています」とある。これは2000年に連邦政府が発表した「家族・コミュニティ強化戦略」が反映されているものだと言えよう。この戦略は様々な問題（例えばここでは家庭内の問題）への予防や早期介入が特徴であるが、概ね効果を挙げているという評価である（Communities and Families Clearinghouse Australia, 2009）。

広域での取り組み「ユースガイド」の作成

次に、ウィロビー市を含む広域での取り組みとしては、ユースガイドブックの作成と配布が挙げられる（写真参照）。シドニーのビジネス地区に隣接するローワー・ノースショア（シドニー北岸低位部）と呼ばれる地域を構成する4つの自治体、ノースシドニー、ウィロビー、モスマン、レーンコーブの共同作成による。それぞれのコミュニティに居住するユースセンター利用対象年齢である12歳〜17歳の居住人口は、2006年の調査ではノースシドニー1,856人（North Sydney Council, 2010）、モスマン1,631人（Mosman Municipal Council, 2010）、レーンコーブ2,265人（Lane Cove Council, 2010）、ウィロビーは4,036人で、このガイドブックは、合計1万人弱の若者のために市の生活便帳とは別に作成されたものということになる[1]。本文69ページに376件ものサービスが掲載されている。この地域の若者が利用できるもので、所在地もローワー・ノースショアかシドニー中心部のものが多く、それ以外のものは少ない。内容としては、若者とその親が利用できるカウンセリングサービスの紹介などが多い。

若者向けのガイドブック

市が提供する若者向けサービスの詳細

ウィロビー市が単体で行っている若者へのサービスは大別すると2つあり、ユースセンター（詳細は後述）とウィロビー・ユース・アクショングループの運営である。ユース・アクショングループは14歳〜24歳の若者にリーダーシップ教育、イベントのマネージメントや演説方法、チームワークなどを教えている。

ユースセンターで定期的に提供する催し物としては「グランビジョン」という13歳〜19歳の女子を対象としたプログラムもある。これは女子の

自尊心を高め、コミュニティ内での彼女らの発言力の増強を意図したものである。彼女たちは毎週金曜日の夜に集まり、おしゃれを楽しむ会やダンス、芸術活動、外出などを楽しんでいる。また、安全な場所と世話人の提供により保護者たちが安心できるプログラムでもある。男女とも参加できるダンスのセッションも毎月第一木曜の夕方に行われている。各自が好みの音楽を持ち寄り、多様なジャンルのダンスをする場となっている。その他にもユースセンターを会場としてバーベキュー、スケートボード大会、コンサートなど様々な催し物が年間を通じて行われている。

また、「ショッピングモールの若者」という若者の才能を披露する催し物も月1回開かれている。駅前商店街の一角に小さな舞台のような場所があり、市の担当者に依頼すると、会場でパフォーマンスを披露できる（Willoughby City Council, 2010c）。筆者も数回見学したことがあるが、演目はロックバンドの演奏や一人でのギターの弾き語り、集団でのダンスや武術などであった（現在はこの辺りの大規模開発のため2010年6月末より休止）。

ウィロビー市内には中央図書館と4つの分館があるが、図書館も積極的に若者育成を担っている。毎年2月〜3月には中等教育最終学年の修了試験対策の無料の講演を専門家を招いて行っている。また、10代のための読書クラブをつくって、特定の本や作家について、あるいは特定のジャンルの本について、といったテーマを決めて司書を交えたディスカッションを放課後に行っている。同様の読書クラブには成人向けのグループや、幼児向けの読み聞かせの会などもある。「読み聞かせ」は日本でも存在するが、読書クラブは他者との興味の共有で読書の面白みが増すうえ、コミュニケーション能力の発達も促す催し物と言えよう。

「ユースセンター」

　注目すべき施設は自治体が提供する「ユースセンター」という若者の居場所である。これは無料の安全な居場所で、ユースワーカー（後述）が常駐している。各センターによって対象年齢は異なるが、11歳〜25歳ぐらいであれば学生でなくても利用可能となっている。ロケーションは駅の近くやショッピングセンター内など、利用者である若者のことを考慮して、

電車やバスのアクセスのよい場所にある。開所時間はまちまちだが平日は15時～18時くらいで、金曜日だけ多少遅く、20時～21時まで開いている。ユースセンターは現在NSW州、西オーストラリア州、タスマニア州で行われている。

　一例として、筆者が2009年5月に視察したウィロビー市にあるチャッツウッド・ユースセンターを紹介する。チャッツウッドとはウィロビー市のビジネス・商業の中心地で、シドニー郊外の電車とバスのターミナル駅の一つである。駅周辺には中規模のショッピングセンターが2つあり、商店街も形成されている。同ユースセンターはチャッツウッド駅から徒歩5分の距離にある。ここは土日も含む週7日、14時半から開所している。閉所時間は18時で、木曜日は20時、金曜日は22時である[2]。利用時には氏名と年齢、性別を記入し、住所や学校名は問われない。年齢は記入するものの、対象年齢12歳～18歳となっていたが年齢規制は厳しくはなく、小学校高学年の児童も遊びに来ていた。同様に、住所も記入するが地域の中高生限定というわけでもなく、受け入れには寛容な態度であった。先述のユースガイドブックによると、このユースセンターは該当の若者だけでなくその家族にも門戸を開いている（Lane Cove Council's Youth Officer, 2009:64）。予約や親の送迎等は不要である。

チャッツウッド・ユース・センター

設備はラウンジ、パソコン2台、プレイステーション2台、卓球台、ビリヤード台、サッカーゲーム台、キッチン、チェスやジェンガ等のテーブルゲーム、他に勉強部屋もある。そして屋上にはバスケットボールのコートが一面ある。

　筆者の視察日にも十数名の若者がバスケットボールを楽しんでいた。センターには若いスタッフが常駐しており、彼らはユースワーカーというソーシャルワーカーである。例えば、卓球をしたくて一人で立ち寄った場合、スタッフが対戦相手をしてくれる。バンドの練習などに利用できる音楽室もあり、備え付けの楽器類（ドラム、ギター、キーボード、ベースギター）もある（予約制。有料で1時間につき3豪ドル必要）。また、14歳～22歳であれば、ボランティア・スタッフとしてここで働くこともできる。

　レクリエーション・イベントもここで多く催され、その多くは中高生が企画・実行に参加している（スケートボード大会、バンドの演奏ナイト、ピザを食べながら映画鑑賞会、女子だけのおしゃべりの会等）。

　上記のような余暇だけでなく、カウンセリングや医療相談、就労に関しての法的アドバイス等も希望する場合、予約すれば提供される。ユースセンターは若者に人気で賑わっているが、その理由は、自治体運営なので利用料が無料であること、予約不要で気楽に立ち寄れること、自分たちでイベントなどに参画できること、交通の便のよい立地などである（臼田、

キッチン

チェスとジェンガ

2009: 134-135)。

　報告書によると、このウィロビー市のユースセンターの利用率は上昇傾向にあり、2009年〜2010年の1年間で延べ利用者数は7,661人であった（先述のとおり12〜17歳の人口は4,036人）。ユースセンター以外にも同センターから徒歩圏内に無料のスケートボード専用場も市から提供されている（写真下）。この公園は電車のチャッツウッド駅に隣接し、バスターミナルとも近い。近年スケートボードとローラーブレードも人気で2009年時点で男子の56％、女子の42％が行っており（ABS, 2010）、この人気を反映してのことであろう。

ユース・センターのローラーボード場もすぐ傍の公園内に附設されている

ユースカードの配布

　若者に無料配布されている法律ガイド。ユースカードは、財布に入れられるサイズで、折り畳み式、裏面には「これってデートDV？」のような説明もある。また、オーストラリアで多い犯罪のスパイキング（飲み物に、目を離した隙に誰かがアルコールや違法薬物を溶かすこと）についても、説明と対策が講じてある。相談先の電話番号が複数掲載されている。

　「警察からの不当な尋問に抵抗する方法とし

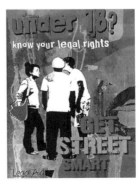

法律ガイドの表紙
サイズは6.5ｃｍ×9.5ｃｍ

て、あなたにはこんな権利があります」といったようなことも詳しく書かれている。地域の弁護士会が若者のために無料でサービスを提供している。

18歳未満（子ども）で警察に連行された場合に利用できる無料弁護士相談サービス（無料で年中無休：金曜土曜日曜と祝日は24時間対応で、それ以外の平日は9時〜24時まで対応）の電話番号が記載されている。

PCYC（180ページ参照）のように警察が若者を健全に育成しようとする活動がある一方で、街での若者への警察の過度な取締りに弁護士協会が対策も出している。こうした点から、若者の健全育成に対して国が真剣に考えているのだと感じる。

市内の他のサービス提供団体

ユースセンターの他に、市から助成を受けている若者のみを対象としたサービス提供団体がウィロビー市内には複数あるが、以下では、その一つ、ポイントゼロ・ユースサービスを紹介する[3]。ここでは中等教育生やそのコミュニティ内での若者の問題を予防する活動を行っている。運営資金は12社の企業や団体、複数の個人からの寄付、及び同団体自身による資金調達により賄っている。

例えば、この団体が提供している教育プログラムを見ると、内容は「飲酒と違法薬物」「友達関係といじめ」「思春期の子どもの親のあり方」「ストレスマネージメントと回復力のつけ方」など実践的なものばかりである。また、未成年の飲酒を未然に防ぐことを目的に、特に週末と学年末シーズンの公園・ビーチなどを巡回している（Point Zero Youth Services, 2010）。

パースのユースセンター

パースのユースセンターは2014年8月に筆者が訪問した。開園時間は先述のチャッツウッドのものより時間が短めだ。
　学期中：火曜日〜金曜日は15時〜17時、月曜日は休み。
　夏休みなどの休暇中：火曜日〜金曜日は11時〜16時、月曜日は休み。
　年間を通して土曜日、日曜日は閉館しているようだ。
　運営は非営利団体で、運営資金の83％は西オーストラリア州子ども保

護局が出資し、17%はスワン市（自治体）からである。残りは様々な寄付などで、寄付者は州政府のコミュニティ局、自治体、ウェストパック銀行（都市銀行）ベンディゴ・コミュニティ銀行（地方銀行）地元の宝くじ協会等である。

パース・ユースセンター看板

くつろぎスペース

DVD視聴室

宿題を見てくれる先生。常駐している。ただし、一人につき20分までと制限がある

スタッフが多く、中高生の話し相手になっていた

ユースセンター内部

ユースセンターのスタッフ一覧

庭ではしゃぐ女子学生たち

4．重要な全豪的な若者育成三点

警察による若者健全育成 Police and Community Youth Centre
（通称PCYC）

　オーストラリアでは、警察も若者の健全育成に貢献している。ウィロビー市にはないのだが、ウィロビー市の南に隣接するノースシドニー市にある警察の若者育成センターが示唆に富んでいると思われるので、以下で紹介する。

　PCYCとは、NSW州警察署長であったウィリアム・マッケイが、多く

の不幸な生い立ちの少年たちがそれを克服できずに、犯罪者になってしまう現実を重く受け止め、少年を健全に育成するために作った施設である。最初の施設は1937年シドニーのウールームールーに開設された。当初は男子の利用施設で、体育館、図書館、レスリング場、ボクシング場、ゲーム場が備わっていた。

　また、図書館については、シルビア・チェイスという女性が大量の本を寄贈し整備しただけでなく、22年以上にわたり毎晩施設を訪れ、少年たちに本を貸し、ソフトドリンクやビスケットを振舞ったという。彼女は少年たちだけでなく、その保護者たちの相談相手にもなった。

　このような先人たちの貢献を背景に、現在ではNSW州のみならず、全豪に広まっている。現在はPCYCの使命として次のように書かれている。

　　　我々は若者が積極的に生きるようにします。
　　　我々は若者のスキルや個性そしてリーダーシップを伸ばします。
　　　我々は若者が犯す犯罪と若者に対する犯罪を減らし、防ぎます。
　（Police & Community Youth Club New South Wales, 2010）

　この使命は、各地にあるPCYCによって多少表現が異なるが、共通しているのは、若者の健康的な精神・肉体の発達のために安全でよい環境を提供することと、コミュニティで警察の教育的プログラムを行いよい経験と機会を若者に与え、彼らが犯罪に手を染めることのないようにすること

PCYC全景

PCYCでの体育教室の模様

少年院の子らが、昼間来て技術習得の研修を受ける。手にしているのは自動車修理の技術習得修了証

である。警察が若者の不良化防止対策としてスポーツを積極的に指導、奨励しているのだ。

例えば、ノースシドニーのPCYCでは22種類のスポーツ講習が受講できる。過疎地でスポーツ施設がない場合は、スポーツ遊具を満載した警察のトレイラーが出向いて補完している。その他にユースセンターのようなドロップ・イン（ふらっと立ち寄る）施設機能もある。

この施設は、問題の予防と早期介入を目的としており、目指すところは連邦政府の家族コミュニティ強化戦略とも一致する。ただし、この戦略とは別の独自の歴史がある活動である。少年犯罪を未然に防ぎ、次世代を健全に育成しようという意向が強く感じられる施設である。

メンタリング・プログラム

ウィロビー市でも利用できるサービスにメンタリング・プログラムがある。ここではユース・メンタリング・ネットワークやYWCA（Young Women's Christian Association）等が行っている制度Big Brother Big Sister（お兄さんお姉さん制度・通称BBBS）を紹介する。

背景としては、オーストラリアでのフェミニズム運動には、子どもの解放が含まれていた。つまり、女性が男性の抑圧から自由になるだけでなく、子どもも大人の抑圧から解放されるべきであると説いた。したがって、子どもが家族以外の人々と絆を広げることを容認し、奨励してきた歴史がある（ブレンナン、2000：134-135）。また、青少年の問題が1970年代頃から顕著化し、不登校率の増加、男子の高自殺率、女子の自殺未遂率も高かったということもある。

80年代のアメリカの心理学者エミー・ワーナーらの研究で、両親以外の大人との親密な（支援的）関係があることが若者に絶大な影響力を与え

ると考えられた。そこで、青少年（メンティー）に大人（メンター）による支援的関係を提供しようと設定されたのが、メンタリング・プログラムである（渡辺、2008）。

　ユース・メンタリング・ネットワークのプログラムの多くは連邦政府と州政府からの助成を受け、さらに民間企業がスポンサーとなっている。2007年の調査によると、青少年たちの利用目的の1位は「自分を支持して友情を育んでくれる人を見つける」が56％、2位は「キャリアガイダンス目的」（17％）、3位は「仕事のスキルを上達させる」（15％）であった。メンティー（メンタリングの受け手）で一番多い年齢は13歳〜15歳、次が16歳〜18歳であり、0歳〜12歳も22％含まれている。メンターは26歳〜35歳が最も多く、次いで36歳〜45歳である。

　メンターになった理由の1位は「若い人を助けてあげたい」（約6割）、2位は「コミュニティに恩返しがしたい」であり、これら2つで約9割を占める。メンターは18歳以上で、有資格者によるトレーニングを受け、コーディネーターによって組合せが決められる（Youth Mentoring Network, 2007）。

　YWCAの制度も、メンターはボランティアで18歳以上であれば、特に資格は問わない。一定のメンターとしての研修を受講後、コーディネーターによって適切なメンティーと組み合わされる。近隣に居住するメンターとメンティーが組み合わされ、最低でも週1回会うように決められており、メンター・メンティー双方によい影響が出ている。特にメンティーたちは46％が違法ドラッグをやめ、27％が飲酒をやめ、53％が学校をさぼらなくなった。成人であるメンターたちからも「新しい友人ができた」「新しい物の見方を得た」など好評を得ている（YWCA NSW, 2010）。

コミュニティと学校の連携：いじめ防止プログラムとコミュニティ

　いじめ防止プログラムにおいては、コミュニティが重要な役割を担っている。南オーストラリア州アデレードのフリンダース大学のフィリップ・スリー博士が考案したPEACEパック[4]といういじめ防止プログラムは成果を上げ、日本でも導入されている。

これは、学校でのいじめはコミュニティの問題であり、学校だけが責任を負うべきではなく、人間関係の問題であると捉えるものである。

例えば、著しい成果を上げた学校では警察も巻き込み、警察の地域委員会では防衛行動についての生徒向け集会を催した。学校はいじめ防止の方針を地域に広げるために親や地域のリーダー、地域の社会事業関係組織などを招き、生徒は招待客にいじめ防止のメッセージが書かれた手作りのバッジを渡した。また、生徒らはいじめについての劇を書いて演じ、この劇は地元のショッピングセンターでその後、数週間にわたって上演された（スリー、2005：68）。

このように、子どもたちを取り巻く地域の大人たちもいじめ問題に関心を持ち、生徒らを見守っているという姿勢を示すことで問題の共有化を図り効果を上げている。

親と学校の交流

親たちも、一般にPTA活動には積極的に参加している。活動内容は「先生と話す」、「他の父母と話す」、「学校行事に参加する」などが日本と同様に多いが、オーストラリアに特徴的なこととしては、「授業のお手伝いをする」、「遠足のお供をする」親が約半数もいることだ。16％の親は授業以外の学校のお手伝いやボランティア（校内の図書館や売店で働く）をしている。教師たちも親の3分の2は子どもの教育に熱心にかかわっていると答えている（Berthelsen and Walker, 2008）。

よいコミュニティには、このような保護者と学校の良好な交流があることも、重要な要素と考えられる。

5．考察「なぜ若者育成サービスが豊富なのか？」

ソーシャルワーカー、ユースワーカーの活躍

オーストラリアと比較して、日本には若者の「公共の単なる居場所」が少ないと思われる。施設を新たに作るのではなく、例えば、町内会が所有する集会所など、使用されていない時間が多いスペースを若者の居場所と

して開放することを考慮してもよいのではないだろうか。居場所と言っても、対象が若者であるので、管理者が必要である。オーストラリアのユースセンターでは「ユースワーカー」というソーシャルワーカーが若者の世話役を担っている。

> ソーシャルワーカーとは社会の中で十分に力を発揮できない不利な立場の人たちのため、その人たちの視点で実際に役立つ極めて具体的な仕事をするトレーニングを受けている人たちです。（中略）しかし、日本には医療ソーシャルワークなどの一部を除いてほとんどありません。たとえソーシャルワークという名が付いていても北米の広範囲な活動とは異なって、その層は薄く、残念ながら十分なものとはいえません（武田：2002：42－43）。

　武田はカナダの例を挙げているが、オーストラリアのソーシャルワーカーも同程度のトレーニングを受けていると思われる。専門的なトレーニングを受けた若いソーシャルワーカーが若者目線で接することが、ソーシャルワーカーの実効性を高めていると考えられる[5]。そもそも大学にユース・スタディーズ（若者学）という専門分野があり、それを専攻した卒業生が、ユース・ワーカーとしてこのようなセンターで働いている。特に責任者クラスには、ユース・スタディーズの修士号を取得した人などを見かけることが多い。

若者育成活動団体への寄付金

　オーストラリアでは、企業や個人からの若者健全育成支援団体への献金が多い。思想背景としては、19世紀のオーストラリアには階級もなければ、富める者は社会に対してそれに相応しい責務があるというノーブレス・オブリージュ（Nobles Oblige）もなかった（Oppenheimer 2008: 24）というが、キリスト教の「慈善活動（チャリティ）」の伝統が、ある程度は影響を与えていると考えられる。西欧社会の資本主義化は、職業的成功によって宗教的にも救済されることを確信しようとした新教徒たちの倫理的

実践が一つの出発点で、職業的成功の証である富を奢侈ぜいたくには用いず、禁欲的、合理的に次の事業に投資したり、社会的弱者を救済する慈善事業等に寄付するなど、神の意思にかなうように活用しようとしたのである（寺田、2003: 144）。

　また、公益法人への寄付金の税控除に関し、日本とは明らかな違いがある。日本では個人の場合、所得金額の40％までしか所得控除ができず、法人では資本金や所得により損金算入限度額が設けられている（国税庁、2015）が、オーストラリアでは、個人、法人とも2豪ドル以上の寄付金であれば控除金額に上限は設けられていない（Australian Taxation Office, 2016）。したがって、法人にとっては寄付が行いやすい環境にあると言えよう。

盛んなボランティア活動

　オーストラリアでは、ボランティア活動が盛んで、18歳以上の国民の3分の1以上が日常的に参加している（Oppenheimer, 2008: 5）。実際に前述のメンター制度のメンターやユースセンターのスタッフの一部はボランティアである。このようなコミュニティの活動には、州政府からの資金的援助および企業や個人からの寄付金のほかにボランティアの参加が重要である。

　ボランティア活動の参加者を確保するためには、研修という学習の機会を与えるだけではなく、活動努力に対する顕彰（rewarding）についても考慮されるべきである。オーストラリアの場合は感謝状、認定証やバッジ、ボタン、Tシャツなどの記念品贈呈、新聞やニュースレターへの掲載、ボランティアの日のランチやディナーパーティーの開催等がある（長ヶ原、2004: 213-214）。現地の人に聞いた話では、ボランティア活動でバッジを得るというのは名誉なことらしい。また、オーストラリアでは経歴が欲しくてボランティアをする人がいるという欠点もある（財団法人自治体国際化協会、1997:12）が、ボランティア活動への従事が就職の際、有利な経歴として認められるというメリットは大きいと考えられる。

6. おわりに

　以上、ウィロビー市を中心とした若者育成サービスを概観したところで改めて考えると、日本では中高生の放課後の生活を学校のクラブ活動に委ねている部分が大きいと言えよう。しかし、自分の希望するクラブが学校にない場合や、逆に入部希望者が多いために人数制限を設けているクラブもある。仕方なく希望以外のクラブに所属したり、友人に誘われて入部するなど、消極的理由でクラブ活動に入っている場合なども考えられるので、必ずしもクラブ活動に熱中できる生徒ばかりではないと思われる。クラブ活動に彼らの誇りやアイデンティティが見出せない場合、ウィロビー市などのように、地域で何か活動を提供できれば、そうした若者の放課後の選択肢が増えることになるだろう。

　また、警察による若者の犯罪の予防という考えは日本ではあまりなじみがないが、オーストラリアでは警察が市民に身近な存在となっていて、健全な若者の育成事業にも力を注いでいることは注目に値する。

　一方で、若者への過剰な取締りに弁護士団体が無料でサポートを提供することなどにも、若者の健全育成に対する熱心なお国柄を感じることができる。寄付金が集まりやすく、ソーシャルワーカーやボランティアが活躍していることがこうしたサービスを豊富にする理由であろうが、さらにサービスの質を高めているものが「若者への姿勢」であると考える。

　ユースセンターのアクティビティやイベントでも、スケートボード大会、ダンス大会、ロックバンドのライブ、バーベキュー・パーティーなど、若者の目線に立ったプログラム等を提供している。そして、同時に若者のアイディアも募集しているのを見かける。他にも、図書館の読書クラブなどもコミュニケーションを大切にしている印象を受ける。「コミュニケーションを重視し、若者の意見も尊重する」。このような姿勢に基づいて、ウィロビー市では若者の参加を促すべく様々な工夫がなされているのだ。日本がここから学べることは少なくないと考えている。

謝辞：本稿の一部分の調査は株式会社日本総合研究所から助成を頂いた。ここに謝意を表する。

初出：「オーストラリアにおけるコミュニティでの若者育成」『都市社会研究』 No.3　2011年

注
1） 厳密にはユースセンター利用年齢は各市で多少異なるが、年齢別人口の表示は統一されており5歳～11歳、12歳～17歳、18歳～24歳という区切りである。従って利用対象年齢に最も近い12～17歳の区分をここでは利用した。
2） 2009年当時のもの。現在は日曜日は閉館で、金曜日は15時～20時、その他の曜日は15時～18時に開館している。
3） ホームページには州政府の資金提供は受けていないと書かれているが、ウィロビー市の報告書によると、市からは同団体へ年間2,500豪ドルの援助がなされているようである。
4） PEACEとは準備（Preparation）教育（Education）行動（Action）対処（Coping）評価（Evaluation）の頭文字を取ったもの。
5） ソーシャルワークの詳細、日本のソーシャルワークの問題点については（武田：2002）の35～69頁を参照されたい。

参考文献

Australian Bureau of Statistics (ABS), 2006, *Children's Paricipation in Cultural and Leisure Activities*, Australia,Cat.no. 4901.0 , Canberra:AGPS.

Australian Bureau of Statistics (ABS), 2008, *Family Characteristics and Transitions, Australia, 2006-07*. Cat.no. 4442.0 , Canberra:AGPS.

Australian Bureau of Statistics (ABS), 2010, *Sports and Physical Recreation: A Statistical Overview*, Australia, Cat.no. 4156.0 , Canberra:AGPS.

Australian Taxation Office, 2016, https://www.ato.gov.au/Individuals/Income-and-deductions/Deductions-you-can-claim/Gifts-and-donations/
（最終アクセス日　2016年2月21日）

Berthelsen, Donna and Walker, Sue, 2008, "Parents' involvement in their children's education" *Family Matters*, 79. 34-41.

Communities and Families Clearinghouse Australia, 2009, *National Evaluation in Brief* Australian Institutes of Family Studies, Australian Government.

Lane Cove Council's Youth Officer, 2009, *Lower North Shore Youth Guide 2009*, Lane Cove Council.

Lane Cove Council, 2010, *Community Profile "How Old Are We?"*
http://profile.id.com.au/Default.aspx?id=239&pg=102&gid=10&type=ures&#ma

（最終アクセス日　2010年12月18日）
Light, Richard, 2008, *Sport in the lives of young Australians*　NSW: Sydney University Press.
Mosman Municipal Council, 2010, *Community Profile "How Old Are We?"*
http://profile.id.com.au/Default.aspx?id=243&pg=102&gid=10&type=ures&#ma
（最終アクセス日　2010年12月18日）
North Sydney Council, 2010, *Community Profile "How Old Are We?"*
http://profile.id.com.au/Default.aspx?id=238&pg=102&gid=10&type=ures&#ma
（最終アクセス日　2010年12月18日）
NSW Department of Health, 2008,
http://www.health.nsw.gov.au/publichealth/chorep/soc/soc_retent_full.asp
（最終アクセス日　2010年12月23日）
NSW government, Industrial Relations. 2010,
http://www.youngpeopleatwork.nsw.gov.au/Looking_for_work/What_age_can_I_start_work.html
（最終アクセス日　2010年12月23日）
Oppenheimer, Melanie, 2008, *Volunteering: Why we can't survive without it*, Sydney: University of New South Wales Press.
Point Zero Youth Services, 2010, http://www.pointzero.org.au/index.html
（最終アクセス日　2011年1月1日）
Police & Community Youth Club New South Wales, 2010, *Mission and Values*
http://www.pcycnsw.org/prime_about_mission (最終アクセス日　2010年9月20日)
UNICEF Innocenti Research Centre, 2007, *Child poverty in perspective; An overview of child well-being in rich countries − A comparative assessment of the lives and well-being of children and adolescent in the economically advanced nations*.
Willoughby City Council, 2010a, *2009/2010 Annual Report*
Willoughby City Council, 2010b, *How old are we? (Age Structure)*
http://profile.id.com.au/Default.aspx?id=234&pg=102&gid=10&type=ures&#ma
（最終アクセス日　2010年12月23日）
Willoughby City Council. 2010c, http://www.willoughby.nsw.gov.au/Youth.html
（最終アクセス日　2011年1月1日）
Youth Mentoring Network, 2007, *Mentoring Matters: YMN Registered programs National Survey Findings 2007*, Youth mentoring Network.
YWCA NSW, 2010, http://www.ywcansw.com.au/mentoring/bigbrothersbigsisters.php
（最終アクセス日　2010年9月27日）

臼田明子, 2009,「第7章　オーストラリア」池本美香編著『子どもの放課後を考える』勁草書房, 124-140.

古荘純一, 2009,『日本の子どもの自尊感情はなぜ低いのか』光文社.
国立青少年教育振興機構, 2010,『青少年の体験活動等と自立に関する実態調査』平成21年度調査報告書〔概要〕.
国税庁, 2016,
　https://www.nta.go.jp/shiraberu/ippanjoho/pamph/koho/kurashi/html/04_3.htm
　（最終アクセス日　2016年2月23日）
佐藤博志, 2001,「第3章　多様な州・直轄区の学校教育制度」石附実・笹森健編『オーストラリア・ニュージーランドの教育』東信堂, 38-44.
財団法人自治体国際化協会(Council of Local Authorities for International Relations), 1997,『オーストラリアにおけるボランティア活動の現状』CLAIR REPORT No. 130。
スリー, フィリップ（Philip Slee）, 2005,「第3章オーストラリアのいじめ防止の取り組み」土屋基規・P・K・スミス・添田久美子・折出健二編『いじめと取り組んだ国々』ミネルヴァ書房, 58-72.
武田信子, 2002,『社会で子どもを育てる』平凡社.
長ヶ原誠, 2004,「第14章　スポーツパラダイスをささえるオージー精神」山口泰雄編『スポーツ・ボランティアへの招待』世界思想社, 210-220.
寺田良一, 2003,「第11章　NPO NGOと現代社会　市民が創る21世紀の自立的社会」満田久義編『現代社会学への誘い』朝日新聞社, 141-154.
内閣府「子ども・若者支援地域協議会運営方策に関する検討会議」, 2010,『社会生活を円滑に営む上で困難を有する子ども・若者への総合的な支援を社会全体で重層的に実施するために』
内閣府政策統括官（共生社会政策担当）, 2010,『ユースアドバイザー養成プログラムテキスト』（改訂版）http://www8.cao.go.jp/youth/kenkyu/h19-2/html/ua_mkj.html
　（最終アクセス日　2010年12月20日）
ブレンナン, デボラ(Deborah Brennan), 2000,「V　家族と児童のための政策」仲村優一・一番ヶ瀬康子編『世界の社会福祉10　オーストラリア・ニュージーランド』旬報社, 131-149.
渡辺かよ子, 2008,「オーストラリアにおけるメンタリング運動」
　http://ejiten.javea.or.jp:80/content.php?c=TWpReE9ERTQ%3 （日本生涯教育学会『生涯学習研究e事典』（最終アクセス日　2010年9月25日）

終　章　課題と日本への示唆

　これまで筆者は、オーストラリアでの楽な子育ての原因を追究すべく、様々なケア施設を紹介してきたわけだが、結論は出たように思う。

　端的に言えば、親中心主義の歴史があり、母性は生まれ持ったものではないという認識が今も根づいているからだと思う。だから、「子育ては上手くできなくて当然。うまくいくように様々なサービスを利用しましょう」ということになるのだ。保健師のアドバイスも然り、政府が配布したDVDも然り、トレシリアンなどの育児が困難な人のための施設も然りだ。しかも、このような子育ての支援を、国を挙げて行っているのも特徴である。

　一方、日本では、母性は本能的に女性に備わっているものととらえられる傾向があるので、母親としては心理的に息苦しく感じがちになる。その結果、うまく子育てができないと、自分を責めてしまうことになりやすい。

　オーストラリアにいると、「母親といえども一個の人間である」ということを、あらためて感じさせられる。育児本も然り、専業主婦のための保育園も然りだ。「親だからと自分を犠牲にしすぎず、大人なのだから自分の生活も充実させましょう。夫婦でよくおしゃべりをしましょう、そして話題も子どものことだけにならないように、常に成長し続けましょう」といった姿勢がこの国では徹底されているようだ。

1. オーストラリアの保育の課題

　ただし、オーストラリアの保育も、手放しで称賛できるということもない。課題としては、次の４点が挙げられよう。

1点目は、保育園での男性保育士の不足傾向である。確かに、日本に比べても男性の保育士を見かけることが少ないのだ。女性の保育士たちからは、シングルマザーの増加に伴い、特に彼女らの子どもが男子の場合、ロールモデルになるという理由から男性保育士の必要性を訴える声が聞かれる。一方、保育園側は、男性保育士が幼児性愛嗜好者である可能性を恐れて採用に消極的であるという面もある（Clyde, 1992）。

　2点目は、第6章でも述べたが、学童保育の利用料が高額なことである。利用申請をしない親のアンケート調査でも、そのことが一番の理由になっていた。学童保育で遠足に行く日には、「施設で留守番をする」という選択肢はなく、通常の保育料に遠足代金が上乗せされるため、さらに高額になる。

　3つ目は、病児保育がないことである。日本でもオーストラリアでも、学童保育や保育園は病気の子どもを預かるのを原則的には断るため、親かそれ以外の誰かがその子どもの世話をすることになる（日本では、民間での病児保育サービスが整備されつつある）。その場合、オーストラリアでは、母親が仕事を休む傾向がある。母親のほうが父親より収入も少なく、短時間勤務で、より重要でない仕事についていることが多いからである。しかし、実は母親たちは、子どもが病気の時に仕事を休まない父親たちに不満を感じている（Ochiltree& Greenblat, 1991）。病児保育の難しい点は、「親にとって便利であれば、病気の子どもにとって望ましくない」という相関関係にあるために、必ずしも病児保育の施設を整備すれば解決するという単純なものではないことだ。子どもの立場になれば、病気の時ぐらいは心細いので親に世話をして欲しいと思うのが本音ではないだろうか。病気になった上に普段通う保育園とは別の人による保育では、子どもの不安感は増すことになろう。これには施設の充実より、親の職場で子育て中の社員への理解が得られるようにすることが必要となるだろう。

　最後に、インフォーマル・ケアの不適切性である。オーストラリアでは意外なことに、保守的な考え方をする組織Australian Family Association（オーストラリア家族協会）の副会長ビル・ミューレンベルグでさえも、インフォーマル・ケアの不適切性を認めている。NSW州の調査でも、実際

に子どもが不適切な保育の被害を受けているのは、保育施設ではなく、祖母などによるインフォーマル・ケアで起こっていることが多いという。したがって、たとえ親や祖父母、親戚でも、ある種の保育の免許を取得する必要性が提案されている（Muehlenberg, 2001: 19）。ただ、家族等に資格を取得させることは、大袈裟である上に非現実的でもあると思う。政府などが育児DVDを配布し、そうした意識を高めてもらうくらいが妥当ではないだろうか。

2．日豪共通の課題

　158ページでも述べた通り、保育士の離職率の高さは問題である。日本とも共通するが、これらの原因としては、保育が重労働で責任をともなう割に、低賃金であることが挙げられるだろう。安倍晋三首相は2016年4月26日に開いた政府の1億総活躍国民会議で、2017年度から保育士の給与を実質2％引き上げる方針を表明した。政府の試算では、女性保育士の平均月給は26万8,000円で、就業女性の全産業平均（31万1,000円）との間には開きがあるため、2％の引き上げで約6,000円増やして差を縮める（朝日新聞デジタル、2016年4月26日）というが、その程度で離職に歯止めが利くのかは疑問である。

　また、学童保育は、日本でもオーストラリアでも10歳以上の子どもには人気がない傾向があるが、これはある程度、仕方がない面もある。たいていの学童保育は小学校低学年向けに作られて運営されているからだ。共働き家庭とシングルペアレントの増えた現代では、高学年向けの学童保育と低学年向けの学童保育を分けて設置するのもよいかもしれない。

3．日本が学ぶべき点

寄付の集めやすさ

　オーストラリアの育児は、利用したい多くのサービスが無料であること、また、1週間・24時間営業、つまり、年中無休であることは、日本人か

ら見てうらやましい点である。さらに、パンフレットなどでは、必ず、困った時の問い合わせ先の電話番号が複数載っているのもありがたい。

　無料で利用できるのは、サービスの提供団体に多額の寄付が、企業のみならず、個人からも多く集まり、資金源ともなっているからだ。

　この、寄付金が集めやすい点は日本が参考にしたい点であるが、その理由の一つとして、寄付金に対する課税制度の日本との違いがある。

　もう一つ、オーストラリア社会は、プロテスタントの英国国教会（アングリカン）の流れをくんでいるではいるが、キリスト教徒が多い国であるため、「ノーブレスオブリージュ」（身分の高い者はそれに応じて果たさねばならぬ社会的責任と義務があるという欧米社会における基本的な道徳観）が存在していることも挙げられるだろう。さらに、寄付行為は、徳を積むことに通じ、死後天国に行けると信じているかどうかは別としても、「隣人愛」的な行為に対して、多くの人が積極的なお国柄であるということもあろう。

ボランティア活動への評価

　オーストラリアでは、保育にボランティアが多くかかわっている。直接、保育にはかかわらなくても、PTA活動や子どものスポーツクラブでも、父母は進んで進行などを手伝う姿もよく見られる。

　ボランティア的な活動が盛んなことには、活動に対して賞状を渡したり、バッジを授与したりするなど、ほうびがあることも一役買っていると思われる。現地の人に聞いたところでは、オーストラリア人はボランティア活動を通して得たバッジに大変誇りを持っているようである。

　日本でも、最近は履歴書にボランティア活動に従事したことを記入するようになったが、オーストラリアでは、以前からボランティアはれっきとした団体（例えば赤十字協会など）で行えば職歴と同等に評価されてきた。

　こうした点も、日本が参考にすればよい点であると思われる。

融通が利くこと

　2014年6月時点のオーストラリアの国勢調査結果によると、年齢的には対象外の保育施設に通う児童が、少なからず存在することが分かる。例

えば、本来小学生が通う学童保育に、小学生ではない4歳児が約6,100人、通っている。逆に、本来は未就学児童が通う保育園に小学生（6歳〜8歳児）が約3,800人通っている。ファミリー・デイケアにいたっては、放課後に利用している小学生（6歳〜12歳児）が約13,600人もいる。制度上、ファミリー・デイケアは、0歳〜12歳児まで保育できることになってはいるが、これは、どちらかというと乳幼児向けの保育サービスである。

　また、筆者が視察したシドニー近郊のチャッツウッドのユースセンターは、本来は12歳〜25歳くらいの若者が対象の施設であるが、中学生以上の兄や姉に交じって、小学生の妹や弟が見られることも多かった。

　恐らくは、親から相談されてこのような結果になったのだと思うが、このように、各保育施設・サービスが柔軟な対応をしている点は評価できる。これには、各施設が点在しているので、親にとっては兄弟が同じ施設を利用したほうが、送り迎えがしやすいということもあるだろう。また、ユースセンターであれば、兄姉が妹弟を連れて一緒に帰宅してくれれば、親の送迎の手間も省ける。ユースセンターの利用料は無料なので、保育料の節約にもなる。日本の保育にも適用できる面もあると思われる。

ファミリー・フレンドリーな社会

　オーストラリア社会は、広義の意味で育児環境がよいと言える。子どもや家族連れに優しい、ファミリー・フレンドリーな社会なのだ。大学での例は既述の通りだが、街中でもそれは感じられる。

　筆者は子どもと一緒に行動する時はたいてい車で移動していたが、時々は電車を利用した。当時の私の自宅の最寄駅には階段しかなかったが、私は一度もベビーカーを自分で抱き上げて階段を上った経験がない。いつも必ず階段の前に、誰かしら男性がいて、「私が運びましょう」と言ってベビーカーを持ち上げてくれたからだ。日本人にも優しい人は多いと思うが、実際に似たような行動をとってくれる人は少ないように感じる。

延長保育の否定：子どもの権利を守るオーストラリアン・フェミニスト

　オーストラリアのフェミニズムが子どもの権利擁護と相まって発展した

ことは既述の通りである。また、家族法（the Family Law Act）では、「子どもの最善の利益に合致する限り、両親は最大限、子どもの生活に有意義な関わりを持つことができる」（60条B第1項a.）とされており、両親の都合よりも子どもの利益が優先される。

フェミニストらは、意外にも延長保育を支持していない。子どもが親に世話をされる権利を重要視しているからだ。実際に筆者が出席した、フェミニストである教授たちによる授業からも、そのことがうかがえたので、少し紹介しよう。

シドニー大学のデボラ・ブレンナン教授はゼミで、ある学生から「子どものいる共働き夫婦の成功の極意」を質問された際に、いくつかのポイントを示した後で、こう言われた。

「でも、夫婦とも長時間労働であるならば、その働き方は考え直したほうがいいわね。どちらかが、子どもの世話ができるように時短勤務をするべきだわ」

まさに、子どもの権利も守るオーストラリアン・フェミニストだな、と思ったものである。

また、筆者の博士論文の指導教官、ベッティーナ・カス先生と保育時間の件について話していた時も、「10時間以上も子どもを預けたら、誰が親か分からなくなる」とおっしゃって、驚いたのを覚えている。保守系の論客ならともかく、カス先生のような有名フェミニストの発言だったからだ。それを聞いていた、私と同じ研究仲間であるリン・クレイグは一瞬顔を見合わせた。カス先生自身、4人の子どもを出産し、ご主人が保育園のお迎えと夕食作りを担当されていたという。

「やはり、親のどちらかが子どもの世話をしないと」と、子どもの人権の立場で考えておられて、この方もオーストラリアのフェミニストなのだな、と再認識した。

ちなみに、リン・クレイグも既婚で大学院に所属していたが、子どもが中学生になってから、研究に本腰を入れた。遅咲きだが大成し、現在は教授である。日本のヤフー・ニュースでリンの研究成果がピックアップされたこともあった。これもまた、子育てを優先的に考えるオーストラリア

ン・フェミニストらしいキャリア追求の形であろう。

自由保育と若い親へのケア重視

「自由な遊びが少なく、保育士が子どもに指示することが多い園」に通う子は、そうでない保育園に通う子より、ストレスホルモンのコルチゾール値が40％も高くなると言われている（Makrides, et al., 2010）。この説に従うと、オーストラリアの保育は、自由保育が主流なので、子どもたちにストレスがたまりにくいと言え、参考になる。

また、若い親へのケアが充実していることも日本が見習うべき点かもしれない。日本では、10代や20歳代前半の若い親による幼児虐待事件がよくニュースで取り上げられる。そして、親が集中砲火を浴びせられるが、親を責めるより先にやることがあるのではないだろうか。彼らは、多くの場合、孤独で、経済的にも恵まれておらず、また、育児方法もよく分からないのだと思う。したがって、第2章の政府作成のDVDにあるような、「10代の母親の会」のような活動を、かつて10代で親になった人が、メンターとして行うのは大変意義深い。同じく第2章で述べたように、あえて非難を覚悟して言わせていただくと、若い親を大事にしたほうが、国家としての少子化対策にも効率がよいと思われる。

待機児童の問題

日本の最近の待機児童の問題を、フランスの母親たちにインタビューしたところ、「考えられない。保育ママもベビーシッターもいる」といった回答が寄せられたという（朝日新聞デジタル、2016年5月3日）が、筆者もこれに同感である。

オーストラリアでは、ファミリー・デイケア（保育ママ）が多く、また空きも十分にあり、空き情報を検索するサイトも充実している。祖父母やベビーシッター等も保育園の代替措置として十分に機能している。第6章で見たように、オーストラリアでは待機児童は少ないのである。

本書では、必要に応じてオーストラリアの各地区の人口を掲載してきた。オーストラリアでは、人口に対して、保育サービス関連の施設数が多いこ

とを強調したつもりだ。日本も、こうした点も参考にすべきであろう。

　施設数を増やすことについては、地元のラグビーチームのクラブハウスを平日の午後だけ利用して、学童保育を営んでいる様子を紹介したが、既存の施設を使うこの方法は、新たに建物を作る必要もなく、素晴らしいと思う。

　また、オーストラリアでは、保育園の正規の資格取得者だけでなく、「鋭意資格取得中」の人であっても、新たな保育資格を持っている者として、正規な資格に準じた扱いをするようになったことも評価できる。こうしたことも、保育士の人手不足解消の一助になり、待機児童の問題を間接的に解消することに役立つものと思われる。

　日本では、待機児童問題対策として、新しく保育園を設置しようとしても、付近の住民から騒音などを理由に反対され、断念する、といったケースが発生している。発想の柔軟性が求められるだけでなく、政府の補助金のあり方にも問題があるように思える。オーストラリアで多く見られる「保育ママ」は日本では少ないが、増員できないのだろうか？　ベビーシッターも、家庭状況に応じて、政府が利用料の負担を補助する形はとれないのだろうか？　保育園ばかりに頼らない、代替サービスの発展も望まれる。

　筆者の経験からは、オーストラリアの母親たちの心構えとして、ある程度は自己責任のもとで子どもを施設に預けていると感じた。しかし、筆者は自己責任という概念が、日本人にはなじまない気がしている。したがって、ベビーシッターも普及しないし、保育園への入園ばかりを望むようになっているのだ。待機児童の問題を考えるには、このあたりの意識改革もある程度必要になってくるかもしれない。

産後うつ対策

　近年になって、日本では、妊産婦のうつによる自殺への対策がなされるようになってきているが、第1章で見たように、オーストラリアでは、産後うつ対策は約100年前から講じられてきている。夫婦仲がよいと虐待が

減る（Finkelhor & Baron, 1986）、スキンシップや交流がないと赤ちゃんが死亡する（フレデリック大王とルネ・スピッツの実験）、ということは、古くから明らかになっているのである。

中高生の放課後施設の充実：異なる年齢層との交流

　最後に、中高生の放課後施設の充実が挙げられる。

　日本にはこれに相当するものが、あまりない。2013年6月～2014年2月末まで、東京都世田谷区の烏山に約半年間だけ実験的に作られた施設があり、筆者も何度も参与観察したが、今はなくなっている。

　オーストラリアのシドニーとパースにあるユース・センターは、どちらも無料で利用でき、予約の必要もなく、遊びの種類も豊富で、スタッフもたくさんいる。イベント（カラオケ・ナイト、女子だけのおしゃべり会、映画ナイトなど）もあり、居心地がよい空間であると感じた。娘のオーストラリア人の友人によれば、あるユース・センターは駅前にあるので、学校帰りに毎日立ち寄る子もいるとのこと。中高生を対象にするには、公共交通機関での交通の便のよい所が立地条件になるのであろう。

　学校と家だけの往復、あるいは学習塾を加えた3か所の行き来だけでは、成長過程での人との交流としては不十分であろう。家庭や学校で問題を抱えていても、ユース・センターのお兄さんやお姉さんに話したり、相談したりすることで気が晴れたり、アドバイスをもらえたりするかもしれない。あるいは、深刻な場合には専門の機関を紹介してもらえる。その意味ではオーストラリアの「お兄さんお姉さん制度」（Big Brother, Big Sister）も、役立っていると言える。

　日本では、異年齢と交流する機会が、オーストラリアより少ない気がする。ニューカッスル大学の「ホーム・スタート」プログラムも、若いママさん同士で集うだけではなく、だいぶ年上の女性とも交流するわけである。

　筆者の日本でのボランティアの経験から言っても、若いママさんは自分たちだけで群れようとする傾向にあると感じる。それも一面ではよいかもしれないが、オーストラリアのような異年齢の交流もあれば、若いママさんの視野が広がり、保育にもよい影響が出てくるものと思う。

4．日本の課題

　筆者は、東京で世田谷、浅草、あきる野の中高生にインタビュー調査を行ったことがあるが、驚いたことに、3地域の中でも比較的裕福な地域だと思われがちな世田谷区で、中学生が家庭の事情で夕飯を摂ることができず、さらに誰にも相談できずに困っていたということがあった。世田谷区には「ご近所ネットワーク」ができていないので、育児や子育てに困った時に問題を相談する相手がいないということも分かった。

　一方、浅草では、親戚が同居または近居し、さらに同級生などのネットワークも加わって、重層的なコミュニティが出来上がり、互助機能が働いていた。こうした近所のネットワーク作りも課題であろう。

　子どもの貧困の問題もある。

　最近、日本でも「こども食堂」というものが、各地に善意でぽつぽつと出現してきた（2016年現在、東京都に15か所）。利用料は無料のところもあれば、有料のところもある。相手は子どもなのだから、本来は無料でなくてはならないだろう。月に1回～2回だけの開催であることも残念に思う点である。

　オーストラリアの「朝食クラブ」（Breakfast club）は、政府主導ではないが、赤十字社のほか、様々なボランティア団体によって運営されている。オーストラリア赤十字社では、毎年約5,000人の子どもたちに無料で朝食を提供している。食事内容は牛乳とシリアルまたはトースト等で、1,200人以上の大人のボランティアが参加して成り立っている。これまでに597万食以上提供しているという。対象は小学生がメインで学校単位で赤十字社に申し込む（Australian Red Cross, 2016）。

　他にも様々な団体が無料で安全な食事を子どもたちに提供しているのを見た。例えば、大手スーパーマーケットとケロッグ社が共同で営む朝食クラブと同様のサービスもあった。筆者がかつて居住していた地区の近くでも、公民館で、18歳ぐらいまでなら誰でも無料で朝食が食べられた。また、保育園で、開園時間前に登園した子どもに食事を与えるタイプの「朝

食クラブ」もあった。ある保育園の場合は、保育園にシリアルや牛乳が配達され、冷蔵庫や棚に置いてあり、自由に親が子どもに食べさせてよいことになっていた。そのとき保育士たちは、勤務時間前のため、登園しているが監視しているだけであった。さらに、配達を頼まず、各学校や保育園などが独自に朝食を購入し、その領収書を上記の団体に送付して、後日その代金が振り込まれるタイプの「朝食クラブ」もある。多くの子どもたちが、毎朝確実に安全な朝食が摂れるようになっていることは称賛に値する。

　教育も大切であるが、まずは毎日の食事をとることができない子どもたちがいるという事態に、我々は、目をそむけてはならない。日本にも、オーストラリアの朝食クラブのようなものがあれば、かなりの子どもたちの貧困対策に役立つと思われる。

　日本の現状では、各家庭の収入の格差がそのまま児童の放課後の過ごし方の格差につながりやすい。高学年になると、裕福な家庭の子どもしか、塾や習いごとに通えないという問題も出てくる。各自治体は、格差是正に向け、例えば、学童保育にも、ボランティアで大学生や専門家の飛び入り講師を参加させるなど、格差是正にも力を入れて欲しい。

　第8章で触れたメンタリング・プログラムも、日本に普及すれば、よい影響がもたらされると思う。もちろん、性犯罪などを防ぐためには、メンターになる人物を慎重に審査する必要はある。小学校高学年の児童から中高生は、家庭で起きている問題も分かるようになるし、親に気を使って言いたいことも言わなくなる年頃でもある。学校の先生、塾や稽古ごとの先生とは、対等の関係にはなりにくい。学校や家庭のことなどをきがねせずに相談できる、信頼できる大人の存在も必要になるであろう。
　オーストラリアの様々な親子向けサービスから、日本が学べることは決して少なくないのである。

参考文献

Australian Red Cross,
　http://www.redcross.org.au/good-start-breakfast-club.aspx
　（最終アクセス日2016年5月27日）

Clyde, Margaret, 1992, "Men in Early Childhood Services: Why? Why Not?" Lambert, Beverley (ed.) *Changing Faces: The Early Childhood Profession in Australia, Australian Early Childhood Association.*

Finkelhor, D & Baron, L., 1986, "Risk Factors for Child Sexual Abuse" *Journal of Interpersonal Violence* March 1986 1(1)43-71.

Makrides, et al., 2010, "Effect of DHA supplementation during pregnancy on maternal depression and neurodevelopment of young children: a randomized controlled trial." *The Journal of the American Medical Association* 2010 Oct 20;304(15): 1675-83.

Muehlenberg, Bill, 2001, "Child Care Concerns" *The Australian Family,* March 2001 p.19.

Ochiltree & Greenblat, 1991, *Sick Children*, Melbourne: Australian Institute of Family Studies.

朝日新聞デジタル, 2016年4月26日,「保育士6千円・介護職1万円　来年度に月給増、首相表明」
　http://digital.asahi.com/articles/ASJ4V546WJ4VUTFL00H.html?_requesturl=articles%2FASJ4V546WJ4VUTFL00H.html&rm=333
　（最終アクセス日　2016年5月27日）

朝日新聞デジタル, 2016年5月3日,「出生率高いフランスに学ぶ　少子化・人口減に歯止めは」
　http://www.asahi.com/articles/ASJ514VZZJ51UUPI004.html
　（最終アクセス日　2016年5月8日）

あとがき

　私がオーストラリアのことを研究するようになったのは、偶然でしかない。夫の転勤でオーストラリアのシドニーに同行することになった私は、それまで勤務していた会社を退職した。「どうせ行くなら大学院にでも行くか」と軽い気持ちで女性学やジェンダー・スタディーズを専攻し始めたところ、生活の面でも、学問の面でも、オーストラリアという国にどっぷり浸かってしまった。とても居心地がよいのだ。その結果、博士号も取得することができた。

　私自身は、現地でも日本でも、オーストラリアの育児書等を参考に子育てをしてきた。それによって、育児の心理的負担感がかなり軽減されたのは事実である。オーストラリアの育児法は、理論的で腑に落ちるものが多いからだ。
　第4章でも書いたが、「全ての子どもに保育を」という1974年の政策転換も、日本が今頃やろうとしていることを、約40年前から行っていることになる。このことは評価に値するし、これが、私が育児を楽に感じたおおもとになっていたのである。
　したがって、私は楽をさせてもらったオーストラリアに恩返しする意味合いも込めて、本書を執筆した。

　外国の事象を話す場合、頭から否定する方もおられる。「国の規模も人口も歴史も違うのに何が参考になりますか？」とか、「そもそも、ここは日本ですよ。日本人にとって、それはどうでしょう？」などと言われたりもする。外国の事情に詳しい方は、似たような経験をされた方もおられる

のではないだろうか？
　確かに、私はそれを否定する気はない。

　誤解しないでいただきたいのは、私は決してオーストラリア方式を絶対視して、日本方式を蔑視しているのではないということだ。ただ、人によって合う育児方法も違うので、日本人だからと言って、必ずしも日本式育児が合うとも限らない。そんな場合に、外国の育児方法が参考になれば、という思いがあるだけである。

　本書では、これまでほとんど脚光を浴びたことのないオーストラリア式育児方法が、どのようなものであるかをできるだけ分かりやすく紹介したつもりだ。私のように、こうした育児法が合う人がいれば幸いである。
　また、いわゆる「いいところ取り」で、オーストラリア式育児の気に入った部分だけをご自身や周囲の方の育児に取り入れるのもよいだろう。

＊

　今、長女がシドニーのオフィスで働いているのだが、オーストラリアの社会は未成年の飲酒については厳しく、店は、アルコールを注文した場合は誰にでも必ずIDカードやパスポート等で年齢確認をするとのこと。その徹底ぶりに驚いたという。長女は成人だが、日本では、彼女と一緒に飲食店でアルコールを注文しても、また、娘が友人同士で飲みに行っても、そのような場面に遭遇したことがなかったからだ。

　私も赴任当初は、「オージーはいい加減よ」と、先に住んでいる知人らから聞かされていたが、それは誤りであった。どのようなオージーと交流したかにもよるが、予想外に厳格な人が多い印象であった。その一方で、ポジティブで柔軟な考えの人も多く、よい刺激を受けた。
　また、様々な局面で交渉の余地があることも実にありがたかった。役所や大学で、一方的に規則を当てはめるのではなく、相談すれば、親身に

なって、できるだけこちらの意向にそうように対応してくれるのだ。

こうして、偶然に出会ったオーストラリアは、私にとって愛してやまない国となった。

＊

本書は当然ながら私一人で書けたものではなく、多くの方にお世話になった。その方々への謝意を記したい。

まず、この本は豪日交流基金の出版助成金を賜り、出版に至ったことに謝意を表さなければならない。また、応募資料作成段階から、オーストラリア大使館の古原郁子さんには大変お世話になった。明石書店の柴村登治さんには鋭い指摘で原稿を大幅にブラッシュアップしていただき感謝している。私の憧れであった気骨ある明石書店様から出版できたことは大きな喜びです。

私を推薦してくださった昭和女子大学の坂東眞理子学長と、株式会社日本総合研究所の池本美香主任研究員にも、深く感謝している。現地事情については、谷千代子さんに約20年間お世話になっているし、娘のシドニーの友人たちにも情報を提供していただいたことに感謝する。

5年間住み、2007年には私だけ4か月間単身赴任し、その後も何回も訪れたオーストラリア。特に子育て中には、数えきれない程多くの名前さえ知らないオーストラリアの人々に温かい言葉をかけられ、励まされてきた。ここに深謝する。

最後に、いつも図表作成等の技術面から、家事・育児のシェア、及び私を応援してきてくれた夫・靖に、最大級の感謝の意を表する。

そして私の娘たち。2人のお蔭で、ママはいろいろな経験ができてとても感謝しています。写真や体験談を使わせてくれて、ありがとう。

臼田明子（うすだ・あきこ）

慶應義塾大学卒業後、NECに8年半勤務。シドニー大学大学院修士課程修了（MLitt.取得）、ニュー・サウス・ウェールズ大学大学院博士課程修了（PhD取得）。ジェンダー・スタディーズ専攻。社会学博士。現在、昭和女子大学現代ビジネス研究所研究員。目下の興味は中高生の放課後の過ごし方と親との関係など。

著作（単著）『女性進出の影で：オーストラリアのジェンダー事情』（2003年、新風舎）、*Husbands' Inconsistencies and Resistance: Japanese Husbands' Views on Employment of Married Women*, 2010, Lambert Academic Publishing（ドイツ）

（共著）『子どもの放課後を考える：諸外国との比較でみる学童保育問題』（2009年、勁草書房）、『学童保育指導員の国際比較』（2014年、中央法規出版）

オーストラリアの学校外保育と親のケア
―― 保育園・学童保育・中高生の放課後施設

2016年6月30日　初版第1刷発行

著者	臼田明子
発行者	石井昭男
発行所	株式会社明石書店

〒101-0021　東京都千代田区外神田6-9-5
電話　03（5818）1171
FAX　03（5818）1174
振替　00100-7-24505
http://www.akashi.co.jp

装丁　明石書店デザイン室
印刷/製本　モリモト印刷株式会社

Printed in Japan

ISBN978-4-7503-4368-6
（定価はカバーに表示してあります）

JCOPY 〈(社)出版者著作権管理機構 委託出版物〉
本書の無断複写は著作権法上での例外を除き禁じられています。複写される場合は、そのつど事前に、(社)出版者著作権管理機構（電話　03-3513-6969、FAX　03-3513-6979、e-mail: info@jcopy.or.jp）の許諾を得てください。

日本人女性の国際結婚と海外移住
多文化社会オーストラリアの変容する日系コミュニティ

濱野 健 著

A5判／上製／288頁 ©4600円

グローバル化に伴い増加傾向にある日本人の国際移動。主に女性の国際結婚と海外移住（婚姻移住）に焦点をあててオーストラリアのシドニーで行った調査結果をまとめた著作。現地の日系社会の変容と新たなエスニック・アイデンティティの形成を描く。

内容構成

- 第1章　日本人の海外移住の現在——消費志向型移住・結果的移住・結婚移住
- 第2章　日本人のオーストラリア移住——1880年代から2000年代にかけて
- 第3章　オーストラリアの在留邦人数の推移——ビザ申請者数の集計結果から
- 第4章　オーストラリアの日系ディアスポラ——全豪日本クラブ（JCA）の設立と散会
- 第5章　結婚移住と「ホーム」の再構成
- 第6章　移住・郊外社会・ジェンダー——「ホーム」と自己アイデンティティの再構成
- 第7章　「エスニックな親密圏」の意義とその帰属をめぐって——中間領域（in-between）としてのエスニック・コミュニティ
- 終章　これまでの海外移住、これからの海外移住——まとめと今後の課題

オーストラリアを知るための58章【第3版】
エリア・スタディーズ⑦　越智道雄
●2000円

ニュージーランドを知るための63章
エリア・スタディーズ⑳　青柳まちこ編著
●2000円

南太平洋を知るための58章
エリア・スタディーズ⑧　吉岡政德・石森大知編著
●2000円　メラネシア　ポリネシア

オーストラリア建国物語
リチャード・エバンズ、アレックス・ウエスト著　内藤嘉昭訳
●2800円

オーストラリアを創った文人政治家　アルフレッド・ディーキン
近藤正臣
●3400円

沖縄の保育・子育て問題
浅井春夫・吉葉研司編著
子どものいのちと発達を守るための取り組み
●2300円

フィンランドの子どもを支える学校環境と心の健康
松本真理子・ソイリ・ケスキネン編著
子どもにとって大切なことは何か
●2000円

「保育プロセスの質」評価スケール
イラム・シラージ、デニス・キングストン、エドワード・メルウィッシュ著
秋田喜代美、淀川裕美訳
幼児期の「ともに考え、深めつづけること」「情緒的な安定・安心」を捉えるために
●2300円

〈価格は本体価格です〉